大连理工大学2006年度教学改革基金课题重点项目

新综合日本语

听解日语

第4册

大连理工大学外国语学院日语系　组织编写

总主编：李筱平

主　编：王　冲

副主编：孙成志　周桂香

编　者：王　健　张北林　李　贞　相　卓

程　姝　孔　月　王玉明　由志慎

李　捷　孙莲花　吴世兰　林乐青

孟庆荣　闻　艺　唐晓煜　黄文澜

校　对：香月真由美　保永美辉

大连理工大学出版社

图书在版编目(CIP)数据

听解日语. 第 4 册 / 王冲主编. —大连：大连理工
大学出版社，2010.3
　(新综合日本语)
　ISBN 978-7-5611-5426-7

　Ⅰ.①听…　Ⅱ.①王…　Ⅲ.①日语—听说教学—高等
学校—教材　Ⅳ.①H369.9

中国版本图书馆 CIP 数据核字(2010)第 034582 号

大连理工大学出版社出版
地址:大连市软件园路 80 号　邮政编码:116023
发行:0411-84708842　传真:0411-84701466　邮购:0411-84703636
E-mail:dutp@dutp.cn　URL:http://www.dutp.cn
大连美跃彩色印刷有限公司印刷　　大连理工大学出版社发行

幅面尺寸:185mm×260mm	印张:9.75	字数:221 千字
附件:光盘 1 张		印数:1～3000
2010 年 3 月第 1 版		2010 年 3 月第 1 次印刷

责任编辑:宋锦绣　张　凡　　　　　责任校对:春　晓
封面设计:李　雷　　　　　　插图:盛楠　齐亚伟　张文君

ISBN 978-7-5611-5426-7　　　　　　定　价:27.00 元

前　言

　　随着国际化社会的到来和经济全球化的不断深入，中日两国间相互交流的领域空前扩大，交流的频度史无前例。在这一大背景下，社会对日语专业人才的需求也发生了新的变化。由于中日两国人员经贸和科技面对面交流机会的增多，社会急需既具备日语专业的语言能力，又具有用日语理解文理科技内容的能力，还要具备跨文化交际能力的高水平日语专业应用型人才。

　　为适应社会的新需求，20世纪末，以培养复合型日语专业人才为目的，在全国理工科院校也陆续开设日语专业课程。与此同时，相应的日语专业教材也如雨后春笋般不断面世。然而，当我们全面考察了这些教材后发现，日语专业基础课教材仍突出体现着纯文科专业教材的特点，以培养传统的研究型日语人才为目的。真正将文理知识有效地融合，并且能够充分体现以培养复合型跨文化交际的日语人才为目的的日语专业配套教材尚不多见。这难以满足当今社会对日语人才多元化的需求。

　　本套日语专业配套教材就是为了填补这一空白，在经过了大量的社会调研和考察后，应社会对日语人才的新需求而编写的。

　　本教材的最大特点是把日语文理知识进行有效地融会贯通，特别注重沟通和交流中各种场面的设定，体现以学生为主体、师生互动的教学理念。注重在实践中求领会，以实践

促理解。立足于培养复合型高水平的日语跨文化交际型人才。

　　本套教材是大连理工大学2006年度教改基金重点项目。为了保证书稿的质量，大连理工大学外国语学院日语系具有多年教学经验的教学第一线的老师们承担了教材编写的全部任务，在编撰过程中，对包括《新综合日本语基础日语》、《新综合日本语听解日语》、《新综合日本语会话日语》在内的日语专业全套教材进行了反复研讨和修改，并且负责编撰、审定、译配及出版。日本专家、学者承担了主要校正编写任务。

　　本套教材经过反复推敲编辑而成，尽管如此，仍然有一些需要改善的地方，恳请各位不吝赐教，谨向您致以诚挚的谢意！

李筱平

2008年9月

目 录

新综合日本语
听解日语

（第4册）

本　文

第21課　色のイメージ

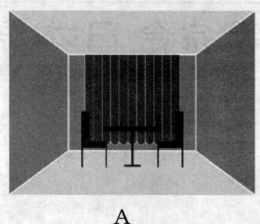

A

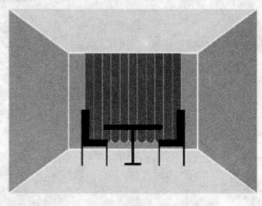

B

 ウォーミングアップ

1. 上の図Aは暖かく感じられる暖色系の部屋です。図Bは涼しげな寒色の部屋です。どれが広く見えますか。そしてAの部屋とBの部屋はそれぞれどんな地域にぴったりでしょうか。

2. あなたは赤、青、みどり、黄色からそれぞれどんなことを連想しますか。

ことば

連想する	カウンター	渇く	用意	尋ねる
吹き荒れる	強風	高波	結ぶ	欠航
抜ける	冬型	気圧配置	今夜	山沿い

聞いてみましょう　　　　　　　　　　　　　21-1

Ⅰ．内容と合っているものに〇、違っているものに×をつけなさい。

1. 好きな色でその人の性格が分かると言う人がいます。　　　　（　　　）

2. だいたいどこの国でも赤から「危険」を連想するのです。　　（　　　）

3. 日本の中華料理のお店ではカウンターやテーブルは黄色です。（　　　）

4. 夏には赤と青と黄色のジュースの中で、青のジュースが一番人気があります。　　　　　　　　　　　　　　　　　　　　　　　　　　　　（　　　）

5. 明るい色に比べて、暗い色はなんとなく重く感じるようです。（　　　）

Ⅱ．もう一度聞いて、次の質問に答えてみなさい。

1. 赤はどんなイメージをしますか。

　　_____

2. 日本の中華料理のお店では、カウンターやテーブルは何故青にしないのですか。

　　_____

3. 1つ目の実験はどんな内容ですか。どうしてその結果になりましたか。

　　_____

　　_____

　　_____

4. 2つ目の実験はどんな内容ですか。どうしてその結果になりましたか。

　　_____

　　_____

　　_____

ことばの練習

次の言葉から適当なものを選んで、（　　　　　）に書き入れなさい。

性格　　　　カウンター　　　　尋ねる　　　用意　　　連想する

1. バスの停留所については、乗務員にお（　　　）下さい。
2. 獅子舞と言えば、中国のお正月を（　　　　）。
3. 人の明るい（　　　　）の特徴の一つは、楽観的なことでしょう。
4. 航空会社の（　　　　）では、カードで支払うことはできますか。
5. 今は旅行の（　　　　）をしています。何を持っていけばいいでしょうか。

 ## ラストスパート

Ⅰ．読んでみましょう。

　人は、ある色を見ることにより、何らかの印象を喚起されることがあります。その印象は、個人が育った環境や教育や文化的背景を強く反映しています。色の好みによって、他人の性格が分かると言う話をよく耳にします。その可能性は否定できませんが、あまり正確とはいえません。ただし、後天的な文化的背景よりも、先天的で、かつ生物学的な要素に注目したときに、多くの人には、色に対する反応に共通性が見られます。それは色に対する人の心理的な影響です。たとえば色の好みには男女差があります。女性は男性より鮮やかな暖色系の色を好む傾向があります。そして実験からは、「暖色系の色（赤、黄、オレンジ）は興奮的で刺激的、寒色系の色（緑、青）は平和で冷たく、安らぎを感じさせる」とされています。

Ⅱ．話し合ってみましょう。

1. あなたの国では、色によって、イメージが変わりますか。例を挙げてみてください。
2. 「色のイメージ」は、普段の生活の中にどう応用されているかについて話し合ってみましょう。

もう一周 21-2

会話を聞いて、女の人のアパートの部屋はどんな部屋ですか。

　１．6畳の部屋で机とベッドがあります。

　２．8畳の部屋で机とベッドがありません。

　３．6畳の部屋で壁の色が白いです。

　４．8畳の部屋で壁の色が白いです。

答え：＿＿＿

自律学習

ニュースを聞きましょう 21-3

新しい単語：

聞きとれていない箇所：

質問に答えなさい：

強風と高波はどんな影響をもたらしていますか。

ニュースの要約：

第22課　太陽エネルギーと我々の生活

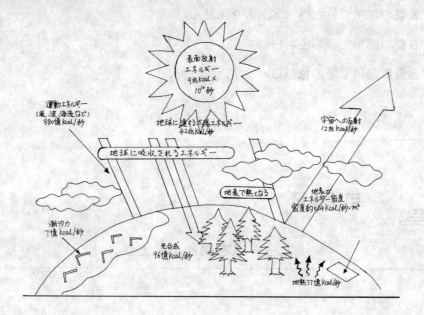

 ウォーミングアップ

1. 今人類が使っているエネルギーにはどんなものがありますか。それぞれいつ
　まで使えると思いますか。
2. 「クリーンエネルギー」について話してみてください。

ことば

実のところ	降り注ぐ	光合成	有機物	放出
二酸化炭素	化石燃料	元をただす	太古	無尽蔵
重宝	バッテリー	蓄電装置	黒点	莫大

聞いてみましょう　　　　　　　　　　　　🔊 22-1

Ⅰ．内容と合っているものに○、違っているものに×をつけなさい。

1．人類全体が毎秒使っているエネルギーは地球に毎秒降り注ぐ太陽エネルギー
の2万5千倍です。　　　　　　　　　　　　　　　　　　（　　　）

2．地表に届く太陽エネルギーはおよそ太陽からの光エネルギーの半分ぐらいで
す。　　　　　　　　　　　　　　　　　　　　　　　　　（　　　）

3．人間だけが太陽エネルギーを利用しています。　　　　（　　　）

4．太陽エネルギーは無限の可能性を持っています。　　　（　　　）

5．太陽エネルギーを利用するにはたいした技術はいりません。　（　　　）

Ⅱ．もう一度聞いて、次の質問に答えてみなさい。

1．地上の植物はどのようにして太陽エネルギーを利用していますか。例をあげ
てみてください。

＿＿＿＿＿＿＿＿＿＿＿＿＿＿＿＿＿＿＿＿＿＿＿＿＿＿＿＿＿＿＿＿＿＿＿＿

＿＿＿＿＿＿＿＿＿＿＿＿＿＿＿＿＿＿＿＿＿＿＿＿＿＿＿＿＿＿＿＿＿＿＿＿

2．人間はどんな形で太陽エネルギーを利用していますか。例をあげてくださ
い。

＿＿＿＿＿＿＿＿＿＿＿＿＿＿＿＿＿＿＿＿＿＿＿＿＿＿＿＿＿＿＿＿＿＿＿＿

＿＿＿＿＿＿＿＿＿＿＿＿＿＿＿＿＿＿＿＿＿＿＿＿＿＿＿＿＿＿＿＿＿＿＿＿

3．太陽エネルギーのいいところは何ですか。

＿＿＿＿＿＿＿＿＿＿＿＿＿＿＿＿＿＿＿＿＿＿＿＿＿＿＿＿＿＿＿＿＿＿＿＿

＿＿＿＿＿＿＿＿＿＿＿＿＿＿＿＿＿＿＿＿＿＿＿＿＿＿＿＿＿＿＿＿＿＿＿＿

4．太陽エネルギーの問題点は何ですか。

＿＿＿＿＿＿＿＿＿＿＿＿＿＿＿＿＿＿＿＿＿＿＿＿＿＿＿＿＿＿＿＿＿＿＿＿

＿＿＿＿＿＿＿＿＿＿＿＿＿＿＿＿＿＿＿＿＿＿＿＿＿＿＿＿＿＿＿＿＿＿＿＿

ことばの練習

次の説明を読んで、＿＿＿＿＿に適当なことばを書きなさい。

騒音　重宝　蓄電　無尽蔵　有機物

1. ＿＿＿＿＿＿：ある家や寺院に伝えられた、大切な宝物。
2. ＿＿＿＿＿＿：いくらとってもなくならないこと。
3. ＿＿＿＿＿＿：電気を蓄積すること。
4. ＿＿＿＿＿＿：生物に由来する炭素原子を含む物質の総称。
5. ＿＿＿＿＿＿：やかましい音。

ラストスパート

Ⅰ．読んでみましょう。

　現在人類が利用している石油や石炭などの天然資源には限りがあります。石油30〜40年、天然ガス40年、石炭200年と試算されており、将来資源枯渇の心配があります。こうしたことから、オイルショック以来、先進国は、石油や石炭の代わりとなるクリーンなエネルギー資源を模索しています。クリーンエネルギーとして注目されているのは太陽エネルギーです。太陽の光エネルギーを車両の上面に設置した太陽電池で電力に変換し、その電力でモーターを駆動して走る自動車のことをソーラーカーといいます。太陽電池自動車は地球温暖化をはじめとする環境問題を背景に、究極のクリーン自動車として期待が高まっています。

Ⅱ．話し合ってみましょう。

　あなたの周りでは太陽エネルギーがどのように利用されているかについて話して合ってみましょう。

もう一周
22-2

会話を聞いて、質問に答えなさい。

1．太陽の黒点とは何ですか。

_____

2．太陽の表面の温度と黒点の温度はそれぞれ何度ですか。

_____

自律学習

ニュースを聞きましょう
22-3

新しい単語：

聞きとれていない箇所：

質問に答えなさい：

各地の開花予定日はそれぞれいつですか。

ニュースの要約：

第23課　ビジネスマナー……電話応対

 ウォーミングアップ

　電話応対をしっかり行う会社と、そうでない会社は、お客様にとって大きく印象が異なります。電話の相手が新人であろうと、ベテランであろうと、それは関係ありません。もし、あなたが新入社員の立場だとしたら、「会社の代表」としての意識をちゃんと持って、うまく電話応対をすることができますか。次のロールプレイをやってみてください。

　あなたはA社の社員です。２時にB社に訪問することになっていましたが、急用ができて、少し遅れます。B社に電話をかけてください。

ことば

コール	キャッチ	名乗る	頬杖をつく	のけぞる
足を組む	気が緩む	ぞんざい	慎む	受話器

聞いてみましょう　🔊 23-1

Ⅰ．内容と合っているものに○、違っているものに×をつけなさい。

1．新入社員としては、あまり自信がないので、できるだけ電話に出ないほうがいいです。　　　　　　　　　　　　　　　　　　　　　　　　　　（　　）

2．電話最初の名乗りと最後の応対が相手に好印象をもってもらいやすく、話がスムーズに進む場合が多いです。　　　　　　　　　　　　　　　（　　）

3．電話は、相手の顔が見えないので、頬杖をついて電話をしたり、のけぞって足を組んだりしてもかまいません。　　　　　　　　　　　　　　（　　）

4．電話をしている人の側で、大声で世間話をしたり、笑ったりしてはいけません。　　　　　　　　　　　　　　　　　　　　　　　　　　　（　　）

5．電話が終わったら、すぐ受話器を置けばいいです。　　　　　　　（　　）

Ⅱ．もう一度聞いて、次の質問に答えてみなさい。

1．新入社員は積極的に電話に出るメリットは何ですか。

　　_____

　　_____

2．気持ちのよい挨拶はどんな効果がありますか。

　　_____

　　_____

3．なぜ電話の終わりには挨拶をすることも重要ですか。

　　_____

　　_____

4．電話応対における五つのマナーをまとめなさい。

_____

_____

_____

_____

_____

 ## ラストスパート

Ⅰ．読んでみましょう

　　日本人はよくお辞儀をしますが、腰を折って頭を下げるお辞儀の角度は、その場の雰囲気や、お辞儀の相手に対する気持ちの深さによって変わってきます。もっとも角度の浅いものが、「会釈」で15度、次が「敬礼」で30度、もっとも深いお辞儀が「最敬礼」で45度です。社内で上司などとすれ違う時は、軽く会釈すればいいです。敬礼は来客の送迎や上司への挨拶の際になされ、大切な顧客の送迎や心からのお礼やお詫びを述べる際には最敬礼をします。そして、一般的な生活のシーンでは行儀をよくするために、正座もよく用いられます。正座は膝をおりまげ、膝下から足の甲を床につけ、尻を足の裏の上にのせる座り方です。

Ⅱ．話し合ってみましょう。

　　1．正式な電話応対の場合に使われる挨拶言葉として、何が考えられますか。

　　2．あなた自身が以下の場面にあったら、どうしますか。

　　　　① お客さんの名前が聞き取れなかった時

　　　　② 係員がいない時

　　　　③ 相手の声がはっきり聞こえない時

　　3．電話以外のビジネスマナーについて話し合ってみましょう。

もう一周　 🔘 23-2

会話を聞いて、質問に答えなさい。

積極的に電話を受けるポイントは何ですか。

_____

_____

自律学習

ニュースを聞きましょう　 🔘 23-3

新しい単語：

聞きとれていない箇所：

質問に答えなさい：
関東の今日、明日、明後日の天気はそれぞれいかがですか。

ニュースの要約：

第24課　日本旅行

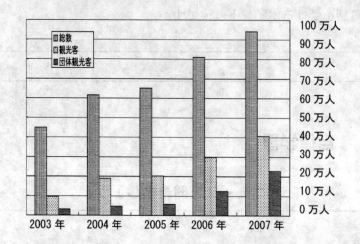

凡例：
□ 総数
▨ 観光客
■ 団体観光客

縦軸：100万人　90万人　80万人　70万人　60万人　50万人　40万人　30万人　20万人　10万人　0万人

横軸：2003年　2004年　2005年　2006年　2007年

日本政府観光局『国際観光白書』2008年より

 ## ウォーミングアップ

　上の図は2003年から2007年まで、日本を訪問する中国人の数の変化を示しています。訪日中国人は1994年の時点で20万人足らずでしたが、その後、増加の一途を辿っています。2000年9月より中国人団体観光客を受け入れてから、増加が顕著で、2007年は94万人になりました。訪日外国人旅行者数から見れば、中国は第3位になり、2008年には100万人を突破しました。訪日中国人の構成では、観光客の比重が上昇しています。もしあなたが日本へ旅行するチャンスがあったら、一番行きたい所はどこでしょうか。クラスメートと話し合いましょう。

ことば

フロンティア	サイロ	原住民	秩序	活気がある
見切れる	阿蘇山	JRパス	ミステリー	ラベンダー

聞いてみましょう　🔊 24-1

Ⅰ. 内容と合っているものに〇、違っているものに×をつけなさい。

1. 北海道では日本の原住民であるアイヌ族が暮らしています。　　　（　　　）

2. 東京には日本全人口の20パーセントが集まっています。　　　（　　　）

3. 京都は古い町で、一日で見物できます。　　　（　　　）

4. 四国や九州には本州のように国際的な都市が少ないが、日本の代表的なもの
   が楽しめます。　　　（　　　）

5. JRパスは決められた期間中、日本全国のJRに自由に乗れる切符のことです。

　　　　　　　　　　　　　　　　　　　　　　　　　　　　　（　　　）

Ⅱ. もう一度聞いて、次の質問に答えてみなさい。

1. 日本は主にいくつの島からなっていますか。それぞれ何と言いますか。一番
   大きな島は何ですか。

   ＿＿＿＿＿＿＿＿＿＿＿＿＿＿＿＿＿＿＿＿＿＿＿＿＿＿＿＿＿＿＿＿＿

   ＿＿＿＿＿＿＿＿＿＿＿＿＿＿＿＿＿＿＿＿＿＿＿＿＿＿＿＿＿＿＿＿＿

2. 北海道の農業はどこの影響を受けましたか。その代表的なものは何ですか。

   ＿＿＿＿＿＿＿＿＿＿＿＿＿＿＿＿＿＿＿＿＿＿＿＿＿＿＿＿＿＿＿＿＿

   ＿＿＿＿＿＿＿＿＿＿＿＿＿＿＿＿＿＿＿＿＿＿＿＿＿＿＿＿＿＿＿＿＿

3. 東京の良くない点と良い点をまとめてみてください。

   ＿＿＿＿＿＿＿＿＿＿＿＿＿＿＿＿＿＿＿＿＿＿＿＿＿＿＿＿＿＿＿＿＿

   ＿＿＿＿＿＿＿＿＿＿＿＿＿＿＿＿＿＿＿＿＿＿＿＿＿＿＿＿＿＿＿＿＿

4. 歴史のあるところを訪ねたければ、どこへ行ったほうがいいですか。なぜで
すか。

_____

_____

5. 四国や九州に行ったら、何が体験できますか。

_____

_____

ラストスパート

Ⅰ．読んでみましょう

　日本へ観光に行く中国人が増加する主な原因として収入、制度、交通、時間、安全な
どがあげられます。また、訪日中国人旅行者の訪日動機は現在「ショッピング」が１位
となり、その購買力にも注目が集まっています。訪日中国人旅行者の80％は日本に来る
のが初めてであり、「治安が良い」「街が清潔である」「食事のクオリティが高い」と
いったことが日本旅行の人気の理由となっています。

Ⅱ．話し合ってみましょう

　仮にあなたは日本へ一週間旅行することにしたとします。インターネットを利用し
て、渡航費、宿泊先、食事先、日本国内の旅行の交通費、観光先などの情報を調べて、
日程表と予算を立てみてください。その後、クラスメートと話し合ってみてください。

　　　　　　　　役に立つリンク：http://www.jnto.go.jp（日本政府観光局）

もう一周

🎧 24-2

会話を聞いて、質問に答えなさい。

1. ミステリーツアーとはどんな旅行ですか。

　　_____

2. 女の人はどうしてミステリーツアーに参加しましたか。

　　_____

3. 女の人はどこへ行きましたか。

　　_____

自律学習

ニュースを聞きましょう

🎧 24-3

新しい単語：

聞きとれていない箇所：

質問に答えなさい：

強い雨は飛行機や船にどんな影響を与えましたか。

ニュースの要約：

第25課　チャレンジ5

聴解ステップ1

場所・方向・順番

Ⅰ. どの方向から見るかに注意する

Ⅱ. 場所や方向を表す言葉に注意する

Ⅲ. 順序を表す言葉やパターン、どんな行動であるかに注意する

基本練習

Ⅰ. 先生の指示どおりにしているのはどの学生ですか。　　　　　🎧 25-1

1. 正しいものに〇、正しくないものに×をいれなさい。

解答の ポイント	本	鉛筆	消しゴム	学生証	かばん
図1					
図2					
図3					
図4					

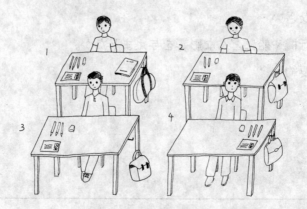

2. 先生の指示どおりにしているのはどの学生ですか。

Ⅱ．男の人の家はどこですか。　　　　　　　　　　　　　　　　 25-2

1．正しいものに〇、正しくないものに×をいれなさい。

解答のポイント	まっすぐ	曲がる
駅前の道		
解答のポイント	左	右
突き当り		
2つ目の信号の少し手前にある道		
コンビニ		
解答のポイント	向い	隣
家はコンビニのどこ？		

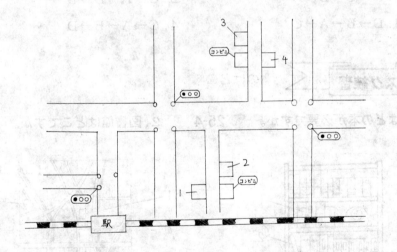

2．男の人の家はどこですか。

Ⅲ．正しい順番はどれですか。　　　　　　　　　　　　　　　　 25-3

1．（　　　　）に聞き取れた言葉を入れ、【　　】に図の記号を入れなさい。

順番	①	②	③	④
	手首を握って腕を（　　　）図【　　】	体重を（　　　）図【　　】	腕を（　　　）図【　　】	地面につくまで腕を（　　　）図【　　】

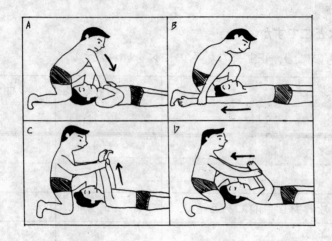

2. 正しい順番はどれですか。

　　1. D→C→B→A　　　　　　2. C→A→D→B

　　3. D→B→A→C　　　　　　4. C→A→B→D

タスク練習

1. 男の人はどの本が必要ですか。 🔘 25-4　　2. 図書館はどこですか。　🔘 25-5

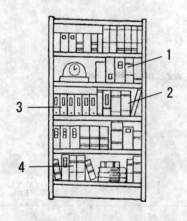

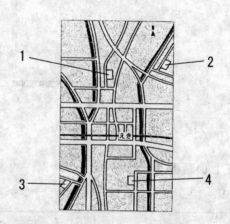

3. 男の人はそれぞれの場所へどの順に行きますか。　　　　　🔘 25-6

　　1. デパート→会社→映画館　　　　2. 会社→映画館→喫茶店

　　3. 会社→喫茶店→映画館　　　　　4. デパート→喫茶店→映画館

4. 男のファイルはどこにありますか。 25-7

5. この家の寝室の方角はどれですか。 25-8

　1.　　　　　　　2.　　　　　　　3.　　　　　　　4.

6. 女の人はこれからまず初めに何をしますか。 25-9

　1.　　　　　　　2.　　　　　　　3.　　　　　　　4.

 今月のニュース

ウォーミングアップ

　今月どんなニュースがありましたか。みんなで話し合いましょう。

「気象」に関するニュースの聞き取りポイント

1. 自然現象

雨、雪、みぞれ、雹、霜、露、梅雨、台風、桜、紅葉

2. 経過、影響など

台風など：風速、暴風域、通過、波浪注意報、警報、洪水、河川氾濫、初雪、観測、局地的、豪雨、降水量、北上、上陸、雷注意報

梅雨：梅雨入り、梅雨明け、梅雨前線、平年並み、平年より遅い

桜：桜前線、開花予想日、満開

３.天気予報

晴れ、曇り、雨、雪、紫外線指数、花粉情報、高気圧、低気圧、沿岸部、山間部、太平洋側、日本海側、濃霧、肌寒い、空模様

聞いてみましょう

メモ欄

話し合いましょう

自律学習

インターネットでニュースをさがして聞いてみましょう

新しい単語：

聞きとれていない箇所：

ニュースの要約：

第26課　世界のじゃんけん

最初はグー！
じゃんけんぽん！
あいこでしょ！

 ウォーミングアップ

1. 子どもの時の遊びを一つ紹介してみてください。

2. あなたの国では、順番や勝ち負けなどを決めるとき、どんな方法を使いますか。

ことば

鬼ごっこ	じゃんけん	グー	チョキ	パー	勝負
布	金づち	指先	くちばし	こぶし	あみだくじ

聞いてみましょう 26-1

I. 内容と合っているものに〇、違っているものに×をつけなさい。

1. 日本では、「鬼ごっこ」という遊びは、じゃんけんでその鬼を決めます。

（　　）

2. じゃんけんは日本だけにあります。（　　）

3. 国によって、「パー」は布だったりします。（　　）

4. マレーシアのじゃんけんは日本と全然違います。（　　）

II. もう一度聞いて、次の質問に答えてみなさい。

1. 日本では、「グー」「チョキ」「パー」はそれぞれどんな形で、何を表しますか。

_____

_____

2. 日本のじゃんけんの勝つルールは何ですか。

_____

_____

3. マレーシアのじゃんけんはどんな遊びですか。

_____

_____

4. インドネシアのじゃんけんはどんな遊びですか。

_____

_____

ことばの練習

次の言葉から適当なものを選んで、（　　　　）に書き入れなさい。

> 布　　　握る　　　倒す　　　表す　　　勝負　　　包む

1. （　　　）で作った赤ちゃんの絵本はかわいいですね。

2. 美しい紙で（　　　）だ本です。

3. うっかりして、花瓶を（　　　）してしまいました。

4. 子どもの時、よく母の手を（　　　）て歩きます。

5. 商品は質や値段で（　　　）します。

ラストスパート

Ⅰ. 読んでみましょう。

　AがBに勝ち、BがCに勝ち、CがAに勝つというのが三すくみの考えです。つまり、ABCはお互いに勝ったり負けたりしますが、三者の中で、一番強いものも一番弱いものもいないという考え方です。じゃんけんはこの原理を利用しています。

Ⅱ. 話し合ってみましょう。

　あなたの国のじゃんけんについて説明してみましょう。

もう一周　　　　　　　　　　　　　　　　　　　　🔊 26-2

どうやって掃除をする人を決めますか。

1．じゃんけんで勝った人が掃除をします。

2．じゃんけんで負けた人が掃除をします。

3．階段を一番早くのぼった人が掃除をします。

4．あみだくじで掃除する人を決めます。

答え＿＿＿

 自律学習

ニュースを聞きましょう　　　　　　　　　　🔊 26-3

新しい単語：

聞きとれていない箇所：

質問に答えなさい：

1．陸上の世界選手権は16日に、何のレースがありましたか。

2．ボルト選手は自分はどんな強みがあると言っていましたか。

3．今度のレースで、ボルト選手は前回の世界記録を何秒縮めましたか。

ニュースの要約：

第27課　敬語は必要か

貴方は敬語についてどう思いますか。（単位：%）

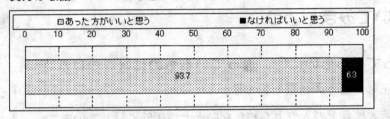

（図1）

貴方は敬語（尊敬語、丁寧語、謙譲語）の使い分けは出来ていますか。（単位：%）

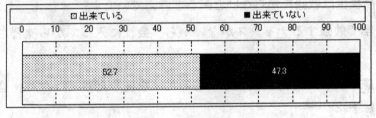

（図2）

（http://www.fgn.jp/mpac/sample/__datas__/impacter/200611_14.html による）

 ## ウォーミングアップ

1. 上の図1と図2は、日本のサラリーマンを相手に「貴方は敬語についてどう
   思いますか。」と「貴方は敬語（尊敬語、丁寧語、謙譲語）の使い分けは出
   来ていますか」について、アンケート調査をした結果です。これらのデータ
   について、あなたはどう思いますか。

2. 下記の敬語の使い方は間違っています。直してみてください。

　① どうぞ熱いうちにいただいてくださいね

　　正しい言い方：＿＿＿＿＿＿＿＿＿＿＿＿＿＿＿＿＿＿＿＿＿＿

　② 順番にお降りしてください

　　正しい言い方：＿＿＿＿＿＿＿＿＿＿＿＿＿＿＿＿＿＿＿＿＿＿

ことば

思いやる	トレーニング	引き込み	思案	上下
親疎	気を配る	バンと	音を立てる	

聞いてみましょう

🎧 27-1

Ⅰ. 内容と合っているものに〇、違っているものに×をつけなさい。

1. 敬語を正しく使うのは難しいです。　　　　　　　　　　　　　　（　　　）

2. 現在の若者は目上の人やよく知らない人と積極的に話しています。　（　　　）

3. 大多数の高校生は敬語を知らないと困ると考えています。　　　　（　　　）

4. 敬語は大学で勉強するチャンスがないから、会社に入ってから練習させられ
   ます。　　　　　　　　　　　　　　　　　　　　　　　　　　　（　　　）

5. 相手に配慮を表すために、敬語そのものだけを使うだけではなく、態度や行
   動にも注意すべきです。　　　　　　　　　　　　　　　　　　　（　　　）

Ⅱ. もう一度聞いて、次の質問に答えてみなさい。

1. 敬語がないほうがいいと考える人の理由は何ですか。

   _____

   _____

2. 高校生は敬語はどんなものだと思っていますか。

   _____

   _____

3. 大学新卒者はどうやって敬語の使い方を身につけますか。

   _____

   _____

4. 敬語は本を読むだけで身につけることができますか。そうでなかったら、どうすればいいですか。

_____

_____

5. 相手に敬意を表すには敬語を使うほかに、何が大切ですか。例を挙げて、説明してください。

_____

_____

ことばの練習

次の説明にあたる言葉を選んで、＿＿＿に書きなさい。

上下　　　思いやる　　　思案　　　気を配る　　　配慮

1. ＿＿＿＿＿：想定されるいろいろな場合に対する対処の方法を考えて何かをすること

2. ＿＿＿＿＿：身分、階級などの高いものと低いもの

3. ＿＿＿＿＿：相手の置かれた立場に立って、その心中などを同情的に考えること

4. ＿＿＿＿＿：どうしたものかと考えること

5. ＿＿＿＿＿：手落ちがないよう、いろいろなことに注意すること

 ## ラストスパート

話し合いましょう

1. あなたの母国語には敬語、またそれに似ている表現がありますか。それについて紹介してみてください。

2. もし日本語には敬語がなかったら、人間関係はどうなるかと思いますか。

3. あなたは日本語の敬語についてどう思いますか。

もう一周

🔘 27-2

会話を聞いて、下記の質問に答えなさい。

1．友達には、丁寧に話さなくてもいい理由は何でしょうか。

＿＿＿＿＿＿＿＿＿＿＿＿＿＿＿＿＿＿＿＿＿＿＿＿＿＿＿＿＿

2．佐藤さんはキムさんとどんな関係ですか。

   a　友達   b　大学のクラスメート

   c　大学の先輩と後輩   d　先生と学生

3．2人はお互いに言葉遣いについてどう約束しましたか。

＿＿＿＿＿＿＿＿＿＿＿＿＿＿＿＿＿＿＿＿＿＿＿＿＿＿＿＿＿

自律学習

ニュースを聞きましょう

🔘 27-3

新しい単語：

聞きとれていない箇所：

質問に答えなさい：

イチローは今日の試合ではどんな結果を出しましたか。

ニュースの要約：

第28課 日本発モノガタリ

 ## ウォーミングアップ

　2000年、富士総合研究所は関東地区の男女（20歳以上）2千人を対象に、日本発で「世界で愛されているモノ」「世界レベルになった文化」「世界に誇れる技術・産業」の三分野について、それぞれ3つまで回答を求めました。その結果、トップ3は①インスタントラーメン692票、②カラオケ603票、③ウォークマン564票となりました。実は、普段良く目にするものの中にも、日本人が世界で初めて発明・開発したモノって意外と多いのです。日本発のものについては、どれだけ知っていますか。

ことば

奨励	安藤百福	援助物資	小麦粉	魔法
中曾根	故人	開拓	主導	創意的
偲ぶ	即席	廃墟	制覇	からくり人形

聞いてみましょう　　　　　　　　　🎧 28-1

Ⅰ. 話を聞いて、内容と合っているものに○、違っているものに×をつけなさい。

1. 20世紀において、一番日本人に愛されているものはウォークマンです。

　　　　　　　　　　　　　　　　　　　　　　　　　　　　　　（　　　）

2. 安藤氏は、妻が食事に出した天ぷらにヒントを得て、油で揚げた麺を発明しました。　　　　　　　　　　　　　　　　　　　　　　　　　　　　　　（　　　）

3. 「チキンラーメン」は当時一袋45円でした。　　　　　　　　　　　（　　　）

4. 安藤氏は台湾出身で、日清食品株式会社の前会長でした。　　　　　（　　　）

Ⅱ. もう一度聞いて、次の質問に答えてみなさい。

1. 「20世紀に日本で作られ、世界で最も愛されているもの」がインスタントラーメンである理由は何ですか。

　　_____

　　_____

2. 「チキンラーメン」はなぜ「魔法のラーメン」と呼ばれたのですか。

　　_____

　　_____

3. 中曽根元首相は「即席ラーメンの父」である安藤百福をどう評価しましたか。

　　_____

　　_____

ラストスパート

Ⅰ．読んでみましょう。

若者にとって夢のような話であったウォークマンは、1979年にソニー株式会社の創業者の1人、盛田昭夫（もりた・あきお）氏らによって開発・実現されました。

ウォークマンは和製英語です。そこで海外の販売会社は、このネーミングを使いたくないと言ってきました。そしてアメリカでは「Soundabout（サウンドアバウト）」、イギリスでは「Stowaway（ストウアウェイ）」、オーストラリアでは「freestyle（フリースタイル）」という名前を付けて売り出してしまったのです。

しかし、日本でのウォークマンの人気が高まり、来日した外国人がおみやげとして買っていくようになると、いつしかウォークマンのネーミングは海外でも認知されるようになっていました。

そこで盛田さんは「こうなったら世界中でウォークマンという名称を使おう」と決断し、全世界で名称は「ウォークマン」に統一されることになりました。そして1986年にはイギリスの権威ある英語辞典『Oxford English Dictionary』にも「ウォークマン」は掲載され、正しい英語として認定されるまでになりました。

Ⅱ．話し合ってみましょう。

1. 皆さんはいつごろ自分のウォークマンを買いましたか。ウォークマンのような和製英語は他に何がありますか。

2. あなたの国で発明されたものについて話してみてください。

もう一周

🎧 28-2

会話を聞いて、次の質問に答えなさい。

1. 日本で一番古いロボットは何と言いますか。

_____

2. 井上さんは、昔のロボットに気に入った理由は何ですか。

_____

自律学習

ニュースを聞きましょう

🎧 28-3

新しい単語：

聞きとれていない箇所：

質問に答えなさい：
渋滞となった原因は何ですか。

ニュースの要約：

第29課　ハイブリッドカー

 ## ウォーミングアップ

　ハイブリッドカー（Hybrid Car）って、どんな車でしょうか。皆さんの中で、誰か乗ったことがありますか。もし、あなたが車を買うとしたら、どんなものを買いますか。どうしてハイブリッドカーが環境にやさしいと言われますか。それでは、次の内容を聞いてみましょう。

ことば

ハイブリッドカー　　動力源　　油井　　環境負荷　　ガソリンエンジン

低速域　モーター　燃費　ライフサイクル評価　同クラス　仮想現実　レバー

聞いてみましょう

29-1

I. 内容と合っているものに〇、違っているものに×をつけなさい。

1. ハイブリッドカーは一つの動力源を持っています。 （　　）

2. ハイブリッドカーは環境負荷の低い実用車として注目されています。 （　　）

3. ハイブリッドカーの特徴は電池とモーターを積んでいることです。 （　　）

4. ガソリンエンジンは低速の場合、効率がいいです。 （　　）

5. これから、しばらくの間、ハイブリッドカーは主流であると考えられます。

（　　）

II. もう一度聞いて、次の質問に答えてみなさい。

1. ハイブリッドカーはどんな車ですか。

_____

_____

2. どうしてハイブリッドカーが注目されているのですか。

_____

_____

3. どうして日本ではハイブリッドカーが環境にやさしい車として評判が高いの
ですか。

_____

_____

4. ハイブリッドカーについてどんな指摘がありましたか。それに対して、国地

交通省はどんな方針を決め下か。

_____

_____

 # ラストスパート

Ⅰ. 読んでみましょう

　ハイブリッドカーはガソリンと電気で動くため、従来の自動車よりも排気ガスが出

にくいという性質があります。そのため、環境にもやさしいと考えられています。地球

温暖化といった環境問題に対する一つの手段として、ハイブリッドカーを普及させよう

という意識のもと、補助金が支給されることになったのです。補助金の金額は、車の車

種により変わっています（プリウスで25万円、インサイト24万円）。補助金を受取るの

に、いくつかの条件を満たしていなければなりません。その条件ですが、申請の時点で

６か月以上の所有・使用している既存の車を買い替えること、既存の車の年間走行距離

が6000km相当以上であることなどで他にもいくつかあります。また、補助金を受けた車

は法定耐用年数の所有・使用が義務づけられます。もし法定耐用年数以内に買い換えた

場合は、補助金を返還しなければいけません。

Ⅱ. 話し合ってみましょう。

1. あなたの国では、どんな車が人気がありますか。どうしてですか。

2. ハイブリッドカーに代わる次世代のエコカーとして、電気自動車、天然ガス

自動車、ソーラーカー、燃料電池電気自動車などがありますが、それぞれど

んな車でしょうか。お互いに知っていることについて話し合いましょう。

もう一周

🔊 29-2

話を聞いて、内容に合っているものを1つ選びなさい。

1．親は運転能力が一般に子供より低いので残念な気持ちになります。

2．自動車運転ゲームでは画面の道路にいろいろな映像が出てきます。

3．自動車運転のゲームはよくできていて親子で遊ぶことができます。

4．このゲームは画面にいろいろなものが出てきてお金のもうかる装置です。

答え：＿＿＿

自律学習

ニュースを聞きましょう

🔊 29-3

新しい単語：

聞きとれていない箇所：

質問に答えなさい：

1．2016年の五輪で、追加される新たな競技は何ですか。

2．国際オリンピック委員会の理事会で、ゴルフが推薦された理由は何ですか。

ニュースの要約：

第30課 チャレンジ6

聴解ステップ2

何・誰・どれ

Ⅰ. 誰が話しているかということに注意して聞く

Ⅱ. 質問文に現れる状況をすばやく理解する

Ⅲ. 本文が長い場合、話の初めは前置き部分が多いので、話の半ばや後半に注意する

基本練習

Ⅰ. 女の人は、何になるつもりですか。　　　　　　　　　　　　　🎧 30-1

1. 会話を聞いて、線の上に言葉を入れなさい。

女：高校を卒業して、私、①＿＿＿＿＿＿の専門学校に入りたいと思っています。

男：じゅい？あ、②＿＿＿＿＿のお医者さんになりたいんですか。

女：それは「③＿＿＿＿＿」でしょう。私ね、木や花などの植物が大好きでね。部屋中も④＿＿＿＿＿にしておきたいの。

男：花屋でいろいろ買ってくればいいじゃないか。

女：買っても、すぐ枯らしちゃうの。だから、⑤＿＿＿＿＿が元気かどうか⑥＿＿＿＿＿をして、必要なら⑦＿＿＿＿＿もあげて。

男：なるほど。

2．女の人は、何になるつもりですか。

　1．花屋　　　2．薬屋　　　3．動物の医者　　　4．植物の医者

3．キーセンテンスになっている文は何ですか？

　　①　_____

　　②　_____

Ⅱ．誰が選ばれますか。　　　　　　　　　　　30-2

1．会話を聞いて、線の上に言葉を入れなさい。

　男：新しいマネージャーを選ぶのって意外と大変だね。

　女：ええ、人材はけっこういるんだけど、誰か1人選ぶっていうのは難しいわね。

　男：うん。阿部君は①　_____　だけど、②　_____　なところがあまりないし…。吉田君は③　_____　がなんか高いんだけど、④　_____　はちょっと…。

　女：そうね。太田さんもどちらかというと⑤　_____　だし…。ああ、藤井さんはどうかしら？彼、仕事はとても速いわ。

　男：でもなあ、時々⑥　_____　があるからなあ。やっぱり今回は⑦　_____　をとるか。

　女：そうね。

2．誰が新しいマネージャーになりますか。

　1．阿部さん　　　2．吉田さん　　　3．太田さん　　　4．藤井さん

3．キーセンテンスになっている文は何ですか？

　　①　_____

　　②　_____

Ⅲ. 女の人の話の続きはどれですか。　　　　　　　　　　30-3

　　1. 会話を聞いて、線の上に言葉を入れなさい。

　　　　女：車いすで参加できる海外ツアーがあるんだって。

　　　　男：ふーん、① ＿＿＿＿＿＿人でも安心して海外旅行できるってわけか。

　　　　女：うん、、② ＿＿＿＿＿＿や③ ＿＿＿＿＿＿の車いすの用意なんかが参加の
　　　　　　条件なんだけど、旅行会社からも④ ＿＿＿＿＿＿添乗員が特別に同行する
　　　　　　んだって。

　　　　男：へー、そう。でも高いんじゃないの？

　　　　女：うん、普通の⑤ ＿＿＿＿＿＿だって言ってた。でもさ、⑥ ＿＿＿＿＿＿が
　　　　　　付くことや、ホテルや車のことなんか考えたら…。

　　2. 女の人の話の続きはどれですか。

　　　　1. やっぱり高すぎるわよね　　　　2. まだまだ不安なことだらけね

　　　　3. そんなに高いとも思えないわ　　4. 参加するのはなかなか難しいわね

　　3. キーセンテンスになっている文は何ですか？

　　　　① ＿＿＿＿＿＿＿＿＿＿＿＿＿＿＿＿＿＿＿＿＿＿＿＿＿＿＿＿

　　　　② ＿＿＿＿＿＿＿＿＿＿＿＿＿＿＿＿＿＿＿＿＿＿＿＿＿＿＿＿

▷ **タスク練習** ◁

1. 男の人の職業は何ですか。　　　　　　　　　　　　　　30-4

　　1. 銀行員　　　　　2. 警察官　　　　　3. 小説家　　　　　4. 記者

2. 空港へ迎えに行くのは誰ですか。　　　　　　　　　　　30-5

　　1. 李君　　　　　2. 青木恵美　　　　3. 張君　　　　　4. 李君と先生

3. 女の人が次に言うことばとして最も適切なものはどれですか。　30-6

　　1. それならはやく仕事したら　　　　2. それなら今日中にしたら

　　3. それなら早退したら　　　　　　　4. それならもう一度やり直したら

4．女の人は何を買うつもりですか。　　　　　　　　　　　　　　🔘 30-7

　　1.　　　　　　　2.　　　　　　　3.　　　　　　　4.

5．女の人は、子供が誰に似ていると思っていますか。　　　　　🔘 30-8

　　1.　　　　　　　2.　　　　　　　3.　　　　　　　4.

6．会話の内容に合うものは、どれですか。　　　　　　　　　　🔘 30-9

　　1.　　　　　　　2.　　　　　　　3.　　　　　　　4.

 ## 今月のニュース

> **ウォーミングアップ**

今月どんなニュースがありましたか。みんなで話し合いましょう。

「スポーツ」に関するニュースの聞き取りポイント

1．スポーツ、試合用語

ゴルフ：全英女子オープン、男子ゴルフツアー、バーディー、
　　　　ダブルボギー、ノーボギー、ホール、今シーズンなど

サッカー：ワールドカップ、Jリーグ、天皇杯、ゴール、延長
　　　　戦、PK戦、イエロカード、レッドカード、フリーキッ
　　　　ク、ペナルティーキック、スローイン、ゴールキッ
　　　　ク、コーナーキック、ゴールキーパー、ディフェン
　　　　ダー、シュート、ヘディングなど

野　　球：メジャーリーグ、マリナーズ、甲子園、エラー、出
　　　　塁、安打、ホームラン、ホーム、キャッチャー、ピッ
　　　　チャー、ヒット

2．試合の結果

逆転優勝、快勝、連勝、連敗、勝ち越し、追いつき、引き分け

聞いてみましょう

メモ欄

話し合いましょう

自律学習

インターネットでニュースをさがして聞いてみましょう

新しい単語：

聞きとれていない箇所：

ニュースの要約：

第31課　日本人と魚

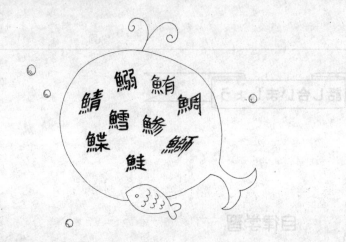

 ウォーミングアップ

　あなたは「鰻」という魚を知っていますか。鰻は長い体つきをしていて、上る能力において飛びぬけているし、日本人の日常生活にも深くかかわっています。日本人の食卓に鰻どんぶりをよく見かけたり、物価や株の相場などが何かをきっかけに急速に上昇している場合などにその急速さを比喩するときにも「うなぎのぼり」で表現したりします。日本語でどれぐらいの魚の漢字が読めますか。上の漢字を読んでみてください。

ことば

多種多様	握りずし	かばやき	魚離れ
摂取量	心筋梗塞	肥満	全国漁業協同組合連合会
シーフード	図鑑	出世魚	

聞いてみましょう　　　31-1

Ⅰ．内容と合っているものに〇、違っているものに×をつけなさい。

1．日本人がおいしく食用している魚は全部海からとれています。（　　）

2．江戸時代に握りずしが誕生しました。（　　）

3．てんぷらは江戸時代ではファーストフードでした。（　　）

4．日本人は伝統的な食事を守っており、欧米からの影響を拒否しています。

（　　）

5．近年、「魚離れ」現象が進んでいます。（　　）

Ⅱ．もう一度聞いて、次の質問に答えてみなさい。

1．近年日本人の食卓はどんな変化を見せていますか。

＿＿＿＿＿＿＿＿＿＿＿＿＿＿＿＿＿＿＿＿＿＿＿＿＿＿＿＿＿＿＿＿＿

＿＿＿＿＿＿＿＿＿＿＿＿＿＿＿＿＿＿＿＿＿＿＿＿＿＿＿＿＿＿＿＿＿

2．日本周辺でとれた多種多様な水産物のおいしさを味わう機会が減少した理由
は何ですか。

＿＿＿＿＿＿＿＿＿＿＿＿＿＿＿＿＿＿＿＿＿＿＿＿＿＿＿＿＿＿＿＿＿

＿＿＿＿＿＿＿＿＿＿＿＿＿＿＿＿＿＿＿＿＿＿＿＿＿＿＿＿＿＿＿＿＿

3．魚の食用価値がだんだん見直されてきた原因は何でしょうか。

＿＿＿＿＿＿＿＿＿＿＿＿＿＿＿＿＿＿＿＿＿＿＿＿＿＿＿＿＿＿＿＿＿

4．全国漁業協同組合連合会が魚の歌を製作しました。その歌を製作した目的は
何でしょうか。

＿＿＿＿＿＿＿＿＿＿＿＿＿＿＿＿＿＿＿＿＿＿＿＿＿＿＿＿＿＿＿＿＿

ことばの練習

次の言葉から適当なものを選んで（　　　）に書き入れなさい。

恵む　　応じる　　多種多様　　誇る　　味わう　　摂取量

1．新幹線は最高時速320キロメートルを（　　　　）っています。

2．日本語は魚の成長段階に（　　　　）違う名前で呼ばれています。

3．お盆やお歳暮の時期なるとデパートや店に（　　　　）な贈答品が並んでいます。

4．「これからビタミンCの（　　　　）に気をつけてください」とお医者さんに注意されました。

5．旅の情緒が（　　　　）たくてわざわざ鈍行電車に乗っていく旅客もいます。

6．今度の新居は親切な隣人に（　　　　）れて、よかったと思います。

ラストスパート

Ⅰ．読んでみましょう。

　日本には包丁などの道具、さまざまな調理法で生み出される多彩な料理、箸の使い方など、魚を食べることを中心とした、独特な「魚食文化」が存在します。単に魚をたくさん食べるとか、食卓に魚を並べるだけでは「魚食文化」とは言えません。魚をとる技術や処理、品質を評価する目利き、加工、保存の方法、調理道具や方法など、魚を中心とした食生活の中で受け継がれ蓄積されてきた知恵や知識を総称する概念が「魚食文化」であると考えられます。

Ⅱ．話し合ってみましょう。

1．あなたの国あるいは地域でよくとれる魚は何ですか。そのおいしい食べ方を紹介してみましょう。

2．あなたの国あるいは地域の食卓に欠かせないものについて紹介してみましょう。

もう一周　31-2

会話を聞いて、質問に答えなさい。

1．話題の魚はどんな特徴がありますか。

_____

2．江戸時代前までは、どんな習慣がありましたか。

_____

3．話題の魚はどう名づけられましたか。なぜ縁起のいい魚として扱われていますか。

_____

自律学習

ニュースを聞きましょう　31-3

新しい単語：

聞きとれていない箇所：

質問に答えなさい：

宮里藍選手はどんな結果を出しましたか。

ニュースの要約：

第32課　ぼかし表現

〇〇とされる

いかがなものか

～きらいがある

〇〇も事実である

〇〇と感じる向きがある

〇〇として議論にあがっているところである

一概に〇〇できるのか心許無くもなっている

 ## ウォーミングアップ

1. あなたは日本人と交流する時、相手の言動が分からないことがありますか。
   その原因は何だと思いますか。

2. 「ぼかし表現」というのはどんな表現でしょうか。上の表現はどんな時に使い
   ますか。

ことば

ぼかし表現	婉曲的	規範的	和らげる
世論調査	少数派	定着	正当　　　招く

聞いてみましょう　　　　　　　　　　　　　32-1

Ⅰ. 内容と合っているものに○、違っているものに×をつけなさい。

1. ぼかし表現は規範的な表現です。　　　　　　　　　　　　　　　（　　　）

2. ぼかし表現は日本人の日常生活で広く使われています。　　　　（　　　）

3. 「のほう」と「から」のぼかし表現について、日本人は「気にならない」人
  が多いです。　　　　　　　　　　　　　　　　　　　　　　　　（　　　）

4. ぼかし表現は正当とされる可能性がありません。　　　　　　　（　　　）

5. 中国人の日本語学習者にとっても、ぼかし表現が難しいです。　（　　　）

Ⅱ. もう一度聞いて、次の質問に答えなさい。

1. 「ぼかし表現」はどんな表現ですか。

　　_____

　　_____

2. よく使う「ぼかし表現」を２つ挙げなさい。

　　_____

　　_____

3. どうじて日本人がよく「ぼかし表現」を使いますか。

　　_____

4. 日本人は「お会計のほう」と「１万円から」についてどう思っていますか。

　　_____

　　_____

ことばの練習

　日本語には主として、以下の4つの婉曲表現があります。以下の表現はそれぞれどれに当たりますか。

謙遜　　　　遠回し　　　　断り書き　　　　自分の意志のぼかし

1. _____：つまらないものですが。

2. _____：夜分遅くお電話してすみませんが。

3. _____：来月結婚することになりました。

4. _____：一応考えておきます。

 # ラストスパート

Ⅰ．読んでみましょう

　物事を「ぼかす」表現は、目新しいことではなく、古くから存在するものです。しかし、正しい日本語を見直そうという機運が高まるにつれて、よく誤用として議論されています。しかし、ぼかし表現は直接的表現を避け、相手との関係や相手の心情に配慮する（または配慮していることを示す）為に用いられる、と言えます。例えば、「ねぇ、そこ邪魔っぽいよ」の文があります。「ぽい」は名詞、動詞の連用形などについて「そのような状態を帯びている」意を表す接尾語です。「ぽい」をつけることで「それそのもの」ではなく、「それの割合が多い」程度に意味をぼかすことができます。この文では話者は相手が邪魔であると認識していますが、はっきり「邪魔だ」とは言わず「邪魔っぽい」として断定を避けています。邪魔であると断定することで相手に与えてしまうであろう。不快感を「ぽい」を用い表現をぼかすことによって軽減しようとする意図が感じられます。

Ⅱ．話し合ってみましょう。

1. 日本語の「ぼかし表現」についての考えを話し合いましょう。

2. 自分が日本語を勉強する時、「ぼかし表現」のほかに、どこか難しいと思うところがありますか。

もう一周

 32-2

Ⅰ.　大学のキャンパスでの会話を聞いて、線の上に適当な言葉を書きなさい。

女1：まだそこで①＿＿＿＿＿＿＿＿やってるの。どこかへ行こうよ。

女2：そうね。何か食べに行こう。②＿＿＿＿＿＿＿なんかどう。

女1：そのへんで③＿＿＿＿つもりだったけど。

女2：うーん、ほかに選択肢ある？

女1：うん、④＿＿＿＿＿＿でもいいけど。

Ⅱ.　上の線に書き入れた言葉はそれぞれどんな意味でしょうか。

①＿＿＿＿＿＿＿＿　　②＿＿＿＿＿＿＿＿

③＿＿＿＿＿＿＿＿　　④＿＿＿＿＿＿＿＿

自律学習

ニュースを聞きましょう

 32-3

新しい単語：

聞きとれていない箇所：

質問に答えなさい：

韓国でエネルギーの無駄遣いを減らすために、どんな取り組みが行われ

ていますか。

ニュースの要約：

第33課　人間としての成功

 ウォーミングアップ

　松下幸之助は「人間としての成功」という名言があります。これについて、松下さんはこのように話しています。「人にはおのおのみんな異なった天分、特質というものが与えられています。言い換えれば万人万様、みな異なった生き方をし、みな異なった仕事をするように運命づけられているとも考えられると思うのです。私は、成功というのは、この自分に与えられた天分を、そのまま完全に生かし切ることではないかと思います。それが人間として正しい生き方であり、自分も満足すると同時に働きの成果も高まって、周囲の人々をも喜ばすことになるのではないでしょうか。そういう意味からすれば、これこそ"人間としての成功"と呼ぶべきではないかと考えるのです。」ここでは、Ａさんの松下さんの話を読んだ後の感想を聞いてみましょう。

ことば

成し遂げる	褪せる	生涯	プロセス	使命	志	模索中
タライ	行水	味わう	心境	生き甲斐	勇気を奮う	

聞いてみましょう　　　　　　　　　　🎧 33-1

Ⅰ．内容と合っているものに〇、違っているものに×をつけなさい。

1．「何をもって成功したと言えるのか」とは、誰にとっても永遠のテーマです。

（　　　）

2．ビジネスやスポーツなどをやっている人には、成し遂げた瞬間はつねに何の意味も無いことです。

（　　　）

3．「私」は人生をかける志や自分に与えられた使命は、まだ見つかっていません。

（　　　）

Ⅱ．もう一度聞いて、次の質問に答えてみなさい。

1．辞書を引くと、「成功」とはどんな意味ですか。

_____

2．「私」が言っている「成功の状態」とはどんなものでしょう。

_____

_____

3．「私」にとって「成功の入り口」とは何ですか。

_____

_____

 ラストスパート

Ⅰ．読んでみましょう。

　説得というものは、他人に対するものばかりとは限らない。自分自身に対して、説得することが必要な場合もある。自分の心を励まし、勇気をふるい起こさねばならない場合もあろうし、また自分の心を押さえて、辛抱しなければならない場合もあろう。そう

した際には、自分自身への説得が必要になってくるわけである。

　私がこれまで自分自身への説得をいろいろしてきた中で、いまでも大切ではないかと思うことの一つは、自分は運が強いと自分に言い聞かせることである。本当は強いか弱いか分からない。しかし、自分自身を説得して、強いと信じさせるのである。そういうことが、私は非常に大事ではないかと思う。

Ⅱ．話し合ってみましょう。

　　1．自分自身への説得というのは非常に難しいですよね。その原因について、周りの人と話し合ってみてください。

　　2．あなたは成功と失敗についてどう思っていますか。

もう一周　　　　　　　　　　　　　🎧 33-2

話を聞いて、質問に答えなさい。

Ⅰ．「自分をほめる心境」と「おとなの責任」を聞いて、線の上に聞き取れた言葉を書き入れなさい。

1.自分をほめる心境

　私はいま、20代の夏の日のことをなつかしく思い出しています。日のあるうちいっぱい仕事をし、晩にはタライに湯を入れて行水をするのです。仕事を終えたあとの行水は非常にさわやかで、①　「＿＿＿＿＿＿＿＿＿＿＿＿＿＿＿＿＿＿」という満足感を味わったものです。自分ながら今日はよくやった、と言って自分をほめる、②　＿＿＿＿＿＿＿＿＿＿＿＿＿＿＿＿＿＿という心境、そういうところに私は何だか生き甲斐というものを感じていたように思うのです。お互い毎日の仕事の中で、③　＿＿＿＿＿＿＿＿＿＿＿＿＿＿＿＿＿という心境になる日を、一日でも多く持ちたい、そういう日をつみ重ねたいものだと思います。

2.おとなの責任

　現代の青年は夢がないとか、①　＿＿＿＿＿＿＿＿＿＿＿＿＿＿＿とか言うけれども、それは青年自身の問題ばかりでなく、社会の問題、おとなの問題とも言えるのではないだろうか。つまり、おとなというか、その国、その政治が青年たちに生き甲斐を持たすよう

にしていない、夢を与えていない、②＿＿＿＿＿＿＿＿＿＿のである。たとえ同じ仕事をするにしても、そのことの意義とか価値というものをはっきりと自覚させられ、教えられていないから、迷ったり不平を持って、やがては現代の社会をのろうようにもなるわけであろう。そこに③＿＿＿＿＿＿＿＿＿＿があるのではないかと思う。

Ⅱ.「自分をほめる心境」と「おとなの責任」はそれぞれどんなことなのか、要約しなさい。

　　1.「自分をほめる心境」の要約：
　　＿＿＿＿＿＿＿＿＿＿＿＿＿＿＿＿＿＿＿＿＿＿＿＿＿＿＿＿＿＿＿

　　2.「おとなの責任」の要約：
　　＿＿＿＿＿＿＿＿＿＿＿＿＿＿＿＿＿＿＿＿＿＿＿＿＿＿＿＿＿＿＿

 ## 自律学習

ニュースを聞きましょう　　🔘 33-3

新しい単語：

聞きとれていない箇所：

質問に答えなさい：

1. 成田航空は、なぜ混雑していますか。

2. Uターンラッシュはいつピークとなる見込みですか。

ニュースの要約：

第34課　バイオエタノール

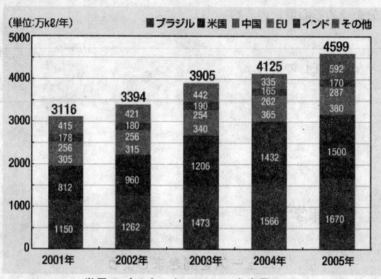

（単位:万kℓ/年）　　　　　　　■ブラジル ■米国 ■中国 ■EU ■インド ■その他

世界のバイオエタノールの生産量

 ウォーミングアップ

1. 地球は温暖化となる原因は何だと思いますか。例をあげて説明してみてください。
2. ガソリン以外、どんな燃料がありますか。

ことば

サトウキビ	トウモロコシ	バイオマス	発酵	蒸留	揮発性
脚光を浴びる	燃焼	二酸化炭素	消滅	甜菜	競合
残飯	クズ属植物	抽出	パルプ液	廃棄	稲	分解

聞いてみましょう　　　　　　34-1

I．内容と合っているものに〇、違っているものに×をつけなさい。

1．バイオエタノールは、アルコールの一つです。　　　　　　（　　　）

2．日本では、バイオエタノールは自動燃料として注目されています。

（　　　）

3．バイオエタノールの燃焼によって大気中の二酸化炭素を増やします。

（　　　）

4．研究者たちは、残飯からバイオエタノールの抽出を研究しています。

（　　　）

5．バイオエタノールの原料は、使用価値が低いから、注目する価値も少ないです。

（　　　）

II．もう一度聞いて、次の質問に答えてみなさい。

1．バイオエタノールは、どんなものですか。

_____

2．バイオエタノールは、どうしてエネルギー源としての将来性が期待されていますか。

_____

_____

3．バイオエタノールの原料は世界中同じですか。例をあげて答えなさい。

_____

_____

4．バイオエタノールの使用には、どんな問題点がありますか。

_____

_____

5．研究者たちは、バイオエタノールについてどんな研究を進めていますか。

_____

_____

 # ラストスパート

Ⅰ．読んでみましょう。

　何かを生産したり、一連の人為的活動を行った際に、排出される二酸化炭素と吸収される二酸化炭素が同じ量であることをカーボンニュートラルといいます。例えば、植物のからだは全て有機化合物で出来ています。その植物が種から成長するとき、光合成により大気中の二酸化炭素の炭素原子を取り込んで有機化合物を作り、植物のからだを作ります。そのため植物を燃やして二酸化炭素を発生させても、空気中に排出される二酸化炭素の中の炭素原子はもともと空気中に存在した炭素原子を植物が取り込んだものであるため、大気中の二酸化炭素総量の増減には影響を与えません。そのため、カーボンニュートラル（二酸化炭素=炭素循環量に対して中立である）と呼ばれます。

Ⅱ．話し合ってみましょう。

1．インターネットなどで調べて、日本はどんな地球温暖化対策をとっていますか。

2．我々は一人の学生として、地球温暖化を防ぐためにどんなことができるのでしょうか。

もう一周

🔘 34-2

話を聞いて、質問に答えなさい。

コンビニは、温暖化対策のためにどんなことをすべきですか。

自律学習

ニュースを聞きましょう

🔘 34-3

新しい単語：

聞きとれていない箇所：

質問に答えなさい：

1．経営再建中の日本航空は、いくつの空港から撤退しましたか。

2．国土交通省は何のため、空港の着陸料を一時引き下げますか。

ニュースの要約：

第35課　チャレンジ7

聴解ステップ3

図形・グラフ・絵

Ⅰ. 各図形や絵の違いをちゃんと見てから聞く

Ⅱ. 形、場所を表す言葉に注意して聞く

Ⅲ. グラフの変化が激しいときや一番高くなっているところに注意して聞く

基本練習

Ⅰ. 今ここにないものはどれですか。　　🔘 35-1

1. 正しいものに〇、正しくないものに×を入れなさい。

解答のポイント	十字全体に円が重なっている	円が十字の上の部分にある	3本が横に平行になっている	3本の一番下が斜め
図1				
図2				
図3				
図4				

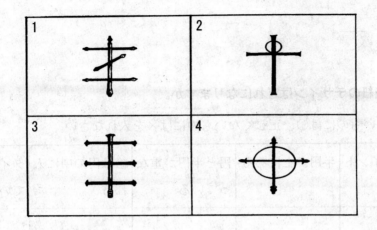

2. 今ここにないものはどれですか。

　　答え ＿＿＿

Ⅱ. 日本人の男性を表す正しいグラフはどれですか。　🔊 35-2

1. 正しいものに〇、正しくないものに×を入れなさい。

解答のポイント	悩みを持つ日本人男性は30代が多い	40代でガタンと落ちる
図1		
図2		
図3		
図4		

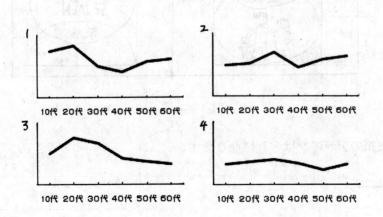

2. 日本人の男性を表す正しいグラフはどれですか。

答え ＿＿＿

Ⅲ. 本の表紙のデザインはどれになりますか。　　　　　　🔘 35-3

1. 正しいものには○、正しくないものには×を入れなさい。

解答のポイント	半円が上にある	円と半円が重なっている	絵は円の中に入れる	タイトルは重なっている部分に入る
図1				
図2				
図3				
図4				

2. 本の表紙のデザインはどれになりますか。

答え ＿＿＿

タスク練習

1. 女の人が男の人に聞いている旗はどれですか。 ◎ 35-4

2. 女の人はどのグラフの説明をしていますか。 ◎ 35-5

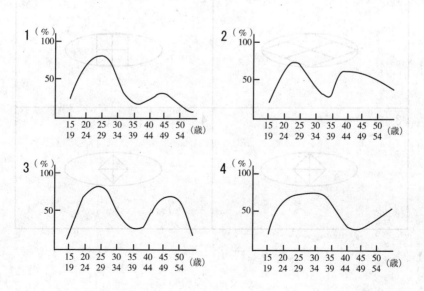

3．2人の見ている絵はどれですか。　　　　　　　　　　　🔘 35-6

4．女の人は今、描いたマークはどれですか。　　　　　　🔘 35-7

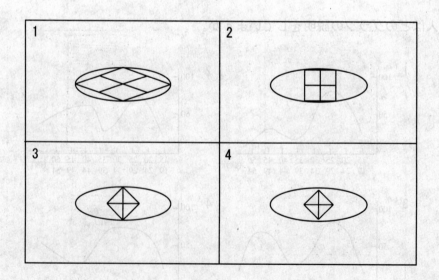

5. 男の人と女の人が住んでいる都市の梅雨時の雨量を表しているグラフはどれです
か。 🔊 35-8

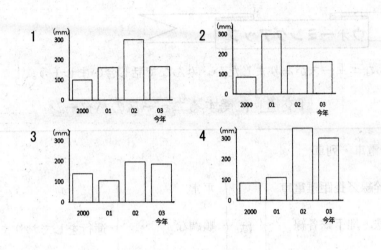

6. 会話の内容に合うものは、どれですか。

🔊 35-9

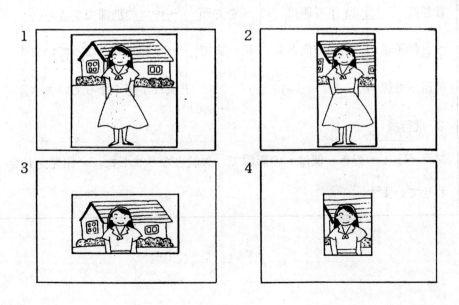

今月のニュース

ウォーミングアップ

今月どんなニュースがありましたか。みんなで話し合いましょう。

「交通」に関するニュースのパターン

１．電車・列車

新幹線／長距離電車		平常	
私鉄・地下鉄各線	は	順調な	運行をしております。
JR線		ダイヤ通りの	

２．道路

高速道路			自然渋滞です。
一般道路	上り線は	〜付近で	事故のため渋滞しています。
首都高	は 下り線は	〜を先頭	〜キロの渋滞です。
〜自動車道	両方向とも	に…まで	一車線規制となっています。
国道〜号線			流れが悪くなっています。

３．飛行機

フライト：〜行き〜便は〜の影響で　欠航となりました。／出発を見合わせています。

聞いてみましょう

メモ欄

話し合いましょう

自律学習

インターネットでニュースを探して聞いてみましょう

新しい単語：

聞きとれていない箇所：

ニュースの要約：

第36課　芸者と舞妓

 ウォーミングアップ

1. 「芸者」や「舞妓」といった言葉を聞いたことがありますか。

2. 「芸者」や「舞妓」の歴史についてどれだけ知っていますか。

ことば

祇園	三味線	茶店	水茶屋	集客合戦
熾烈を極める	活況	交遊	轟く	割り込む
積み重ねる	受け継ぐ	デビュー	労働基準法	児童福祉法

聞いてみましょう　　　　　　　　　　　　　　　　　36-1

Ⅰ．内容を聞いて、線の上に適当な言葉を書きなさい。

1. 芸者や舞妓と呼ばれる女性が登場し始めたのは、およそ①＿＿＿＿＿＿＿＿、

　②＿＿＿＿＿＿＿＿が始まりでした。

2. 当時の祇園には、お茶屋はおよそ①＿＿＿＿＿＿＿＿、芸者と舞妓の数は

　②＿＿＿＿＿＿＿＿にものぼり、その活況は③＿＿＿＿＿＿＿＿頃まで続きました

　か。

3. 多くの舞妓は中学を卒業して「店だし」と言われる、舞妓デビューをし、そ

　の後、だいたい＿＿＿＿＿＿＿＿で芸者となります。

4. また、現在は、労働基準法と児童福祉法により、舞妓になることができるの

　は＿＿＿＿＿＿＿＿とされています。

Ⅱ．もう一度聞いて、次の質問に答えなさい。

1. 最近は舞妓志望者がどうして増えてきましたか。

　＿＿＿＿＿＿＿＿＿＿＿＿＿＿＿＿＿＿＿＿＿＿＿＿＿＿＿＿＿＿＿＿＿＿

2. 舞妓言葉の「おおきに」、「すんまへん」、「おたのもうします」はそれぞ

　れどんな意味ですか。

　「おおきに」：＿＿＿＿＿＿＿＿＿＿＿＿＿＿＿＿＿＿＿＿＿＿＿＿＿＿

　「すんまへん」：＿＿＿＿＿＿＿＿＿＿＿＿＿＿＿＿＿＿＿＿＿＿＿＿＿

　「おたのもうします」：＿＿＿＿＿＿＿＿＿＿＿＿＿＿＿＿＿＿＿＿＿＿

ことばの練習

次の言葉から適当なものを選んで、線の上に書き入れなさい。

のかわりに　　　　にあたる　　　　にのぼる　　　により

とされています　　　てはいかがでしょうか

1. お祝いの言葉を電報で送っ_____。

2. この和英辞典は、約15万_____文例・用例を英語・日本語のほかキーワードからも検索可能です。

3. 英語のbe動詞_____単語は日本語の中には存在しないです。

4. 年賀状_____、携帯のメールで新年の挨拶をする人が多いみたいです。

5. 規定の第9条_____、総務課長の審査を要します。

6. 中国で6、8、9などの数字はとても縁起が良い_____。

ラストスパート

I. 読んでみましょう。

　京都舞妓をはじめとした花街で暮らす人々の使う言葉をどのくらいご存知でしょうか。彼女達の使う言葉は、上品で日本情緒あふれる「京ことば」です。京言葉または京都弁とは、狭義では京都府京都市旧市街で話される日本語の方言のことです。京都には長い間御所が存在していたため、宮中で話されていた御所言葉の影響を受けているとされています。京言葉は、多くの人々によって「優雅である」という評価がなされています。その一要因として、京言葉の持つ発音やアクセントがあげられます。京都にお出かけの際には、ぜひ耳をすまして聞いてみてください。

II. 話し合ってみましょう。

1. 「京言葉」とはどこの言葉ですか。

2. 「京言葉」はどんな特徴を持っていますか。

もう一周

🎧 36-2

会話を聞いて、次の質問に答えなさい。

1. 女の人は京都でどんな体験をしましたか。

　　_____

2. 男の人は舞妓の文化についてどう思っていますか。

　　_____

自律学習

ニュースを聞きましょう

🎧 36-3

新しい単語：

聞きとれていない箇所：

質問に答えなさい：

1. 鳩山内閣の支持率はどうですか。
2. 鳩山内閣を支持する理由は何ですか。

ニュースの要約：

第37課　日本人の「二重人格」

 ## ウォーミングアップ

　日本人の人間関係で、しばしば指摘されるのは、そのコミュニケーション関係の面が、西洋の場合に比べて、日本では建前として、内と外は区別されていながら、本音の部分では、公私混同が著しいということです。ここでも、本音と建前のコミュニケーションの二重性が現れています。

　あなた自身はこれまでのコミュニケーションの経験で、本音と建前をどのように使ってきましたか。

ことば

対立概念	表看板	押し通す	全会一致	一挙手一投足
あつれき	発言をセーブする		硬直化	バラバラ

聞いてみましょう

37-1

Ⅰ. 内容を聞いて、聞き取れた言葉を線の上に書きなさい。

日本人の① _____、_____を説明するのに、② _____
_____がよく使われます。どこの国にも原則があって、それに対する例外は存在し
ます。日本の場合も、③ _____は原則です。したがって、本
音は④ _____、ということになりますが、日本では、本音を
⑤ _____とします。あるいは、本音は⑥ _____
_____、建前を表看板として押し通してしまいます。

Ⅱ. もう一度聞いて、次の質問に答えなさい。

1. ここで言っている本音について、簡単に説明しなさい。

_____

_____

2. ここで言っている建前について、簡単に説明しなさい。

_____

_____

3. 日本の会社ではどんな傾向が強いですか。

_____

_____

_____

4. 本音と建前のバランスをよくする必要がある理由は何ですか。

_____

_____

ラストスパート

Ⅰ．読んでみましょう。

　封建社会の中で形成された義理の概念は、主従、親子、夫婦、兄弟、友達、（時には敵や取引先）という人間関係の中で最も重視される規範であり、しいて言えばこれらの関係の中で恩を受けた相手を思いやりいたわり、時には自己を犠牲にしてまで相手の幸せを実現する決意のことです。具体的な社会的慣習となって現れる義理は、例えば便り（年賀状など）、贈答（歳暮、中元など）などですが、主体的に行動する場合は、相手が窮地に陥っているときに自己の不利益を顧みず助力することを意味します。この義理が企業社会などで発揮されるときは、もともと封建的な人間関係に基づいた倫理であるため、企業の原理である合理性に反してまで、上司や取引先に尽くすこともありうるのです。これは欧米の経済活動の原理には反するため、日本の経済活動を批判する理由ともなるのです。しかし合理性が単に自己の利益のみを追求しがちであるのに対し、義理のような人間関係重視の行動原理は、ビジネス社会の中に相互扶助の概念を導入するという効果もあります。ただし、日本では反近代・反合理主義の民族主義者の中にはやくざも多いため、義理が暴力によって表現されるという場合もあり、これは批判されるべきです。人情とは、ふつうには親子や恋人同士や友人知人などの間に通いあう愛、同情、憐れみ、友情などの人間的な感情をいいますが、日本社会ではもう少し特殊な意味を持っています。人情は義理と対比されることが多く、義理が人に受けた恩義に報いるという人間関係の規範であるのに対し、人情は他人に対する感情の自然な発露です。「人情に厚い」といえば優しく思いやりがある人を指しますが、同時に義理を欠いては社会の成員として一人前とは見なされません。結局、義理と人情は、伝統的に日本の庶民社会の人間関係を律する二大要素でした。もちろん現代社会にも脈々として受け継がれています。

Ⅱ．話し合ってみましょう。

　　1．日本人と交流する時、失敗してしまった経験がありますか。具体的な状況とその原因について話し合いましょう。

　　2．あなたの本音と建前についての心得を言ってみなさい。

もう一周 🔘 37-2

話を聞いて、質問に答えなさい。

1. 話し合いの場で、正直に意見を言ってもらうためにどんなことをすればいい
という意見ですか。理由は何ですか。

_____

_____

2. そのやり方はうまくいかない理由は何ですか。

_____

 自律学習

ニュースを聞きましょう 🔘 37-3

新しい単語：

聞きとれていない箇所：

質問に答えなさい：

1. 鳩山総理はどんな提案をしましたか。

2. 鳩山外交のキーワードは何ですか。

ニュースの要約：

第38課　細胞と私たち

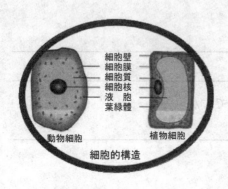

細胞壁
細胞膜
細胞質
細胞核
液　胞
葉緑體

動物細胞　　　植物細胞

細胞的構造

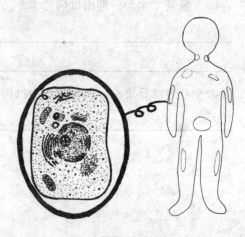

 ウォーミングアップ

　iPS細胞という言葉を聞いたことがありますか。正式には人工多能性幹細胞といい、体中のあらゆる細胞に変化できる能力をもちます。日本の山中伸弥・京都大学教授がマウスを使って世界で初めてつくり出しました。現在はヒトのiPS細胞もつくられており実用化に向けた研究競争がくり広げられています。いずれ自らの体細胞でつくったiPS細胞を自分に移植し、臓器や組織を再生させられる日がくるかもしれません。

ことば

マイクロメートル　分裂　細胞膜　染色体　リボソーム　構成要素　隔てる
リボ核酸（RNA）　遺伝子　代謝　増殖　幹細胞　整える　ES細胞　受精卵
倫理　iPS細胞　抗生物質　耐性菌　悪循環　癖　抵抗力　免疫力

聞いてみましょう　　　　　　　　　　38-1

Ⅰ．内容と合っているものに〇、違っているものに×をつけなさい。

1．ウイルスも細胞から成り立っています。　　　　　　　　　（　　　）

2．細胞の一般的な大きさは1～100マイクロメートル程度です。　（　　　）

3．皮膚の細胞は皮膚の細胞にしか分化しません。　　　　　　（　　　）

4．ES細胞は従来の幹細胞で、iPS細胞は人工多能幹細胞です。　（　　　）

5．iPS細胞は一般的な細胞から作ることが出来ません。　　　（　　　）

6．iPS細胞の登場により幹細胞の研究が倫理的問題を回避できます。　（　　　）

Ⅱ．内容を聞いて、線の上に適切な言葉を書きなさい。

1．ウイルス_____、全ての生物が細胞から成り立っています。

2．細胞分裂によって数を増やし、_____細胞が作られる
　　ことはありません。

3．全ての細胞は細胞膜、染色体、リボソーム、細胞質といった_____
　　_____を持っています。

4．細胞は大きく_____に分けられます。

5．幹細胞は_____体を組織するあらゆる細胞に分化させる
　　ことが出来ます。

6．iPS細胞の登場により幹細胞の研究が倫理的問題を回避して出来ることが重要
　　なので、今後_____の1つだと思われます。

Ⅲ．もう一度聞いて、次の質問に答えてみなさい。

1．人間の体はいくつの細胞が集まって出来た約何種類の細胞組織で構成されて
　　いますか。

　　_____

2．DNAはどんなものですか。

　　_____

3．普通の細胞と幹細胞の違いは何ですか。

_____

_____

4．ES細胞とiPS細胞の区別は何ですか。

_____

_____

 ## ラストスパート

Ⅰ．読んでみましょう。

　クローンとは、同じ遺伝子をもった生物のことをいいます。例えば、ここに木が一本生えています。この木を増やすためにはいろいろな方法があるのですが、その１つに、接ぎ木があります。あるいは、どこかを切って、植えると、ちゃんと芽が出て伸びてきます。これは植物の一部から、２番目の植物が伸びてくるわけですから、最初の木と２番目の木は遺伝子、つまり、もっている情報は同じです。だから、元の植物と新しい植物は、お互いにクローンとなります。植物の場合は、すでにクローン植物が昔からあります。それを利用して、我々は農業をしてきました。いい品種ができると、どんどん増やし、ほかの技術とも組み合わせてきました。

　クローン技術の特徴は、同じ遺伝的特徴を持つ動物をたくさん作り出すことができるので、人為的に選んだ遺伝的特徴を持つ動物の大量生産などが可能になります。クローン技術は、食料分野や医療分野など私たちの身近なところに応用できる可能性があります。例えば、肉質の良い牛や乳量の多い牛の大量生産や、病気の治療に必要な医薬品を乳の中に分泌する羊の大量生産が可能になるかもしれません。また、トキ、サイ、パンダなど、絶滅の危機にある動物の絶滅を回避できる可能性もあります。

Ⅱ．話し合ってみましょう。

　1．クローンについてどう思いますか。

　2．遺伝子組替えという言葉を聞いたことがありますか。インターネットなどで調べて、紹介してみましょう。

もう一周　　　　　　　　　　　　　　　　　　🔘 38-2

話を聞いて、質問に答えなさい。

1. 抗生物質を大量に使うことはどうしてよくないですか。

_____

_____

2. 話をしている人はどんな考え方ですか。

_____

_____

自律学習

ニュースを聞きましょう。　　　　🔘 38-3

新しい単語：

聞きとれていない箇所：

質問に答えなさい：

気候変動に関して各国はそれぞれどんな姿勢を示しましたか。

ニュースの要約：

第39課　昔の中日文化交流

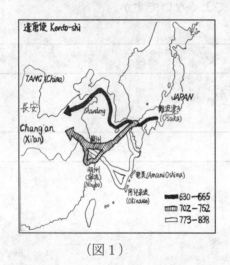

（図1）

（図2）

(http://ja.wikipedia.org/wiki/Kentoshi_route.png)

 ## ウォーミングアップ

1. 皆さんは遣唐使と鑑真和上の話を聞いたことがありますか。上の図1は遣唐使の航路図で、図2は唐高僧鑑真和上の日本への渡海図です。皆さんは上の図について知っていることを話し合いましょう。

2. あなたの国では、一番古くから文化交流関係のある国はどこでしょうか。そして、自分の国の国際交流について、話し合いましょう。

ことば

遣唐使	鑑真和上	渡航	朝廷	使節	学問僧	律令
聖武天皇	戒律	教典	携える	唐招提寺	東大寺	戒壇
授ける	入寂	大和	国号	倭	修交	大化の改新

聞いてみましょう　　　　　　　　　　　　　　　39-1

Ⅰ．内容と合っているものに〇、違っているものに×をつけなさい。

1．日本遣唐使の渡航は、6割成功しました。　　　　　　　　　（　　　）
2．遣唐使一行は、ほとんど日本の貴族でした。　　　　　　　（　　　）
3．留学生と学問僧は、その回の遣唐使と一緒に帰国しました。（　　　）
4．遣唐使を派遣する前に、日本には整っている律令はなかったです。（　　　）
5．鑑真和上は、失明のため中国に戻りました。　　　　　　　（　　　）

Ⅱ．もう一度聞いて、次の質問に答えてみなさい。

1．日本が遣唐使を派遣した目的は何ですか。

　　_____

2．遣唐使は、中国滞在中何をしたのですか。

　　_____

3．遣唐使の活動は、日本の発展にどんな役割を果たしたのでしょうか。

　　_____
　　_____
　　_____

4．鑑真和上は、日本への渡航を決心して何年経ってから成功したのですか。そして何回試みましたか。

　　_____

5．鑑真和上は中日交流にどんな貢献をしたのですか。

　　_____

ことばの練習

次の言葉から適当なものを選んで（　　　　　）に書き入れなさい。

　　　廃止　　　倣う　　　上陸　　　役割　　　メンバー　　　貢献

1．日本は唐代の長安に（　　　　）て、京都の町並みを作ったようだ。

2．遣唐使の派遣は、奈良時代の日本の発展に重要な（　　　　）を果たした。

3．私は大学に入って一生懸命に勉強して、中国の発展のために自分なりの（　　　　）をしたいと思う。

4．大化の改新により奴隷制度は（　　　　）され、封建制度を導入した。

5．サッカー部の（　　　　）は、今度の日曜日に海辺でバーベキューをすると約束した。

6．天気予報によると、台風は明日の朝（　　　　）するそうだ。

ラストスパート

話し合ってみましょう

1．遣唐使や鑑真和上のように、昔外国と交流するにはいろいろな困難を越えなければならなかったが、現在は便利になりました。それはなぜでしょうか、話し合いましょう。

2．日本人と交流した体験があったら、みんなに紹介してみましょう。

もう一周

🔘 39-2

Ⅰ．まず下記の言葉の意味を読んでください。そして次の会話を聞いて、質問に答えなさい。

　大化の改新（たいかのかいしん）　大化は日本最初の元号である。日本という国の直接の起源がこの時代にあるとも言えるだろう。蘇我氏など飛鳥の豪族を中心とした政治から天皇中心の政治への転換点となったとされる。

　奈良時代（ならじだい）は西暦710年から794年にかけての84年間のことだ。この時代には中日交流が盛んになり、日本の貴族文化も繁栄した。

1．日本では、国家という概念は以前なかった原因は何ですか。

_____

2．日本（にほん・Japan）という名前の由来について、下記の空欄に正しい年代を書きなさい。

　① _____の中国では「倭（わ）」と呼び、② _____「日本」

と書いていたが、「やまと」と読んでいた。それから、③ ＿＿＿＿＿＿＿「ニホン・ニッポン」と音読するようになった。そして、④ ＿＿＿＿＿＿＿にはヨーロッパでは日本はジパング、つまり「Japan」ということになった。

Ⅱ．内容を聞いて、下記の質問に答えなさい。

1．この活動が行われた目的は何でしょうか。

＿＿＿＿＿＿＿＿＿＿＿＿＿＿＿＿＿＿＿＿＿＿＿＿＿＿＿＿＿＿＿＿

2．この活動の参加者は、どんな人からなっているのでしょうか。

＿＿＿＿＿＿＿＿＿＿＿＿＿＿＿＿＿＿＿＿＿＿＿＿＿＿＿＿＿＿＿＿

3．この活動に参加した人は、何を感じたのでしょうか。

＿＿＿＿＿＿＿＿＿＿＿＿＿＿＿＿＿＿＿＿＿＿＿＿＿＿＿＿＿＿＿＿

＿＿＿＿＿＿＿＿＿＿＿＿＿＿＿＿＿＿＿＿＿＿＿＿＿＿＿＿＿＿＿＿

＿＿＿＿＿＿＿＿＿＿＿＿＿＿＿＿＿＿＿＿＿＿＿＿＿＿＿＿＿＿＿＿

 自律学習

ニュースを聞きましょう　　39-3

新しい単語：

聞きとれていない箇所：

質問に答えなさい：
中国製タイヤの輸入制限をめぐって、米中それぞれはどんな態度ですか。

ニュースの要約：

第40課 チャレンジ8

聴解ステップ4

原因・時間・どう

Ⅰ. 質問部分に重要な部分が表れていることが多いので注意して聞く

Ⅱ. 話している人や質問文の中に使われている言葉から想像する

基本練習

Ⅰ. いつ洗濯機を届けてもらいますか。　　　　　　　　　　　　　　　　　🔘 40-1

　1. 会話を聞いて、線の上に言葉を入れなさい。

　　　女：この洗濯機、届けていただけます？

　　　男：かしこまりました。

　　　女：いつになるかしら。

　　　男：たぶん① _____になると思いますが。

　　　女：あら、それは困るわ。② _____は出かけてるから、③ ____
　　　　　_____にならない？

　　　男：④ _____はちょっと、⑤ _____でしたら。

　　　女：じゃ、⑥ _____ほうがいいわ。

　　　男：かしこまりました。

2．いつ洗濯機を届けてもらいますか。

　　1．火曜日　　　　2．水曜日　　　　3．木曜日　　　　4．金曜日

3．キーセンテンスになっている文は何ですか？

　　① _____

　　② _____

Ⅱ．学生の満足度が一番高いの理由は何ですか。　　　　　40-2

1．女の子の話を聞いて、線の上に言葉を入れなさい。

　　この大学の学生の① _____が高い理由は② _____
　　その③ _____にあります。また、④ _____こ
　　とを誇りと感じている面もあるでしょうし、⑤ _____こともそ
　　の理由と考えられております。さらに、⑥ _____という点も、
　　幾分満足度を高める要因となっているでしょう。

2．学生の満足度が高い一番の理由は何ですか。

　　1．周囲の環境のよさ　　　　2．整った施設

　　3．大学の長い歴史　　　　　4．独特の教育方針

3．キーセンテンスになっている文は何ですか？

　　_____

Ⅲ．この後、田中はどうしますか。　　　　　40-3

1．会話を聞いて、線の上に言葉を入れなさい。

　　男：もしもし、岡田商店の田中と申しますが、鈴木課長お願いします。

　　女：申し訳ありませんが、ただいま鈴木は① _____おります。

　　　　② _____。それとも③ _____。

男：あ、そうですか。こちらもちょっと今④ _____におります
　　ので。

女：⑤ _____。

男：いや、10分ぐらいしたら、⑥ _____から。

女：そうですか。どうも申し訳ございません。

2．この後田中はどうしますか。

　　1　このまましばらく待ちます。　　2　鈴木課長からの電話を待ちます。

　　3　後でもう一度電話します。　　　4　女の人に用件を伝えます。

3．キーセンテンスになっている文は何ですか？

_____

タスク練習

1．2人はいつ練習しますか。　　　　　　　　　　　　💿 40-4

　　1．土曜日と火曜日　　　　　　　2．水曜日と木曜日

　　3．水曜日と日曜日　　　　　　　4．木曜日と日曜日

2．鈴木さんが会社を辞めた理由は何ですか。　　　💿 40-5

　　1．親の店を継ぐから　　　　　　2．体力に自信がないから

　　3．仕事が向いていないから　　　4．会社に辞めさせられたから

3．葛西に行く人はどうしたらいいですか。　　　　💿 40-6

　　1．次の駅で新宿方面行きに乗ります。

　　2．次の駅で快速西船橋行きに乗り換えます。

　　3．次か、もう1つ先の駅で乗り換えます。

　　4．このまま乗っていきます。

4. 山沿いの地域では、いつ雨が降ると予測していますか。　　　　 40-7

　　1.　　　　　　　2.　　　　　　　3.　　　　　　　4.

5. 古紙が余っている理由は、何だと言っていますか。　　　　　　 40-8

　　1.　　　　　　　2.　　　　　　　3.　　　　　　　4.

6. 女の人は、この後どうしますか。　　　　　　　　　　　　　　 40-9

　　1.　　　　　　　2.　　　　　　　3.　　　　　　　4.

 ## 今月のニュース

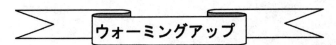

今月どんなニュースがありましたか。みんなで話し合いましょう。

「政治」に関するニュースの聞き取りポイント

> **1. 何の会議、何の会見、何の問題**
>
> 選挙、サミット、六ヶ国協議、EU首脳会議、APEC首脳会議、温暖化対策会議、拉致問題、金融危機、北方領土など
>
> **2. 参加者、関係者**
>
> 国名、団体名、政党名、大統領名、大臣名、内閣府、総務省、法務省、外務省、財務省、文部科学省、厚生労働省、農林水産省、経済産業省、国土交通省、環境省、民主党、自民党、共産党、公明党など
>
> **3. 政策内容**
>
> 衆議院解散、CO_2削減など

聞いてみましょう

メモ欄

話し合いましょう

自律学習

インターネットでニュースをさがして聞いてみましょう

新しい単語：

聞きとれていない箇所：

ニュースの要約：

新综合日本语
听解日语
（第 4 册）

スクリプト

21　色のイメージ

聞いてみましょう　　　　　　　　　　　　　　🔘 31-1

　生活の中のあらゆる物には、色があります。私達は、物の印象をまず、目で見た情報から判断しますよね。一番に目で分かるのが「色」であると思います。そして、その色によってはそのイメージが大きく変わってしまうことがあります。好きな色でその人の性格が分かると言う人もいます。でも、明るい色より暗い色のほうが好きな人は性格も暗いでしょうか。色と性格が関係があるかどうか分かりませんが、色とその色からイメージするものは関係があるかもしれません。

　青と赤と黄色の中でどれが一番「危険」をイメージしますか。だいたいどこの国でも赤から「危険」を連想するのではないでしょうか。赤のイメージはもちろん「危険」だけではありません。日本の中華料理のお店ではカウンターやテーブルは赤です。もしそれが青だったら、きっと食欲がなくなるでしょう。でも、青には別のイメージがあります。夏の暑い日はのどが渇きます。そんな時にあなたはどんな色のジュースが飲みたくなりますか。

　日本で赤と青と黄色のジュースを用意して、道を通る人に実験してみました。黄色のジュースも人気がありましたが、青ほどではありませんでした。赤は一番人気がありませんでした。きっと青を見ると涼しく感じるのではないでしょうか。

　別の実験では同じ形で同じ大きさの箱を二つ持ってもらって、どちらの箱が重いか尋ねました。一つは白で、もう一つは黒でした。ほとんどの人が黒い箱のほうが重いと答えました。でも、本当は二つの箱は同じ重さでした。明るい色に比べて、暗い色はなんとなく重く感じるようです。

『ニューアプローチ中級日本語（基本編）』日本語研究社より

もう一周　　　　　　　　　　　　　　　　　🔘 31-2

男：お邪魔します。

女：どうぞ。

男：へえ、きれいな部屋ですね。それに広いですね。8畳くらいですね。

女：いいえ、6畳です。

男：そうですか。それじゃ、私の部屋と同じです。でも、こちらのほうがずいぶん広く感じますね。

女：そうですか。机とベッドがないからでしょう。

男：私の部屋にもありませんよ。

女：それじゃ、壁の色が白いからじゃないですか。白い部屋は広く感じるんですよ。

男：へえ、そうなんですか。知りませんでした。

『ニューアプローチ中級日本語（基本編）』日本語研究社より

自律学習　　　　　　　　　　　　　　　　　　　　　　🔘 21-3

　新潟県の佐渡市では、年前中最大風速20メートルを超える強い風が吹き荒れています。この強風と高波のため、佐渡を結ぶ船の便は、今朝から全て欠航しました。気象庁によりますと、今後、低気圧が太平洋側に抜け、日本付近は冬型の気圧配置が強まる見込みです。北日本を中心に今夜にかけてさらに風が強まり、山沿いでは大雪のおそれがあるとして、気象庁は注意を呼びかけています。

22　太陽エネルギーと我々の生活

聞いてみましょう　　　　　　　　　　　　　　　　　　🔘 22-1

　私たちの生活は、実のところ、太陽から降り注ぐエネルギーによって支えられています。地球に降り注ぐ太陽エネルギーは、1秒あたりの平均にして約44兆キロカロリーにもあたり、これは人類全体が毎秒使っているエネルギー消費量の2万5千倍にもあたります。地球にやってきた太陽からの光エネルギーの約1/3は、雲などに反射され、残りの一部は大気に吸収され、地表に届くのは、およそ半分ぐらいです。

　地上の動植物は、この太陽光エネルギーをさまざまな形で利用しています。例えば、植物は光合成により、有機物を合成して酸素ガスを放出します。この植物は、燃やすことで二酸化炭素と水に戻り、熱エネルギーが発生します。石油や石炭、天然ガスなどの

化石燃料も、元をただせば太古の動植物が太陽光から取り入れたエネルギーが形を変えたものであり、それを人間が利用しているのです。また、人間が日々活動するエネルギー源となる食物、例えば、お米やパンにも、植物が光合成により集めた太陽のエネルギーがたっぷり含まれています。

　太陽エネルギーは、環境汚染もなく、一般的には騒音も発生しないため、無尽蔵のエネルギー源として重宝されています。無限の可能性を持つ太陽エネルギーは、クリーンで効率的で持続可能な再生可能エネルギーというだけでなく、経済的にも優れた選択になります。さらに、太陽エネルギーというクリーンな選択をすることにより、世界の環境保全と子供たちのため、より良い地球のためにも貢献することになります。

　あらゆる意味で、太陽エネルギーの開発は実に明るい未来を持っていますが、問題がないわけではありません。例えば、太陽エネルギーはバッテリーのような蓄電装置がなければ夜間に利用することはできません。また曇りの日は、日中エネルギー量が不安定になることもあります。さらに、太陽エネルギー技術の利用には非常にコストがかかり、多くの人々が利用できるだけの太陽エネルギーを収集するには広大な面積の陸地も必要となります。

もう一周　　　　　　　　　　　　　　　　　　　　　🌐 22-2

女1：どんな人がいいかなあ。太陽のような完璧な人と結婚したいなあ。

女2：いいえ、違うよ。太陽も黒点があるらしいよ。

女1：そうそう。学生時代、先生に教えてもらったけど、太陽表面に黒い点を散らしたかのように見える部分のことを黒点とも呼ぶそうよ。実際にはこの部分も光を放っているけど、周囲より弱い光なので黒く見えるということね。

女2：そうね。太陽のようなまぶしいものも黒点があるんだから、ましてまわりの人はなおさらね。

女1：ねえねえ、ところで太陽の黒点の温度は何度ぐらいかしら。太陽の表面の温度は確か6000度だよね。

女2：調べようか。あ、黒点の温度は約4000度だよ。太陽は莫大なエネルギーを持っているよね。

自律学習　🔘 22-3

　気象庁によりますと、２月の気温が東日本、西日本ともに低く推移しましたが、３月の気温が平年並みか高くなると予想されています。

　このため、今年のさくらの開花日は、東日本で「平年並み」、西日本では「平年並み」か「遅い」見込みで、福岡が３月28日、大阪が４月１日、東京が３月27日、新潟が４月12日などとなっています。これは去年と比べて５日から１週間遅い開花予想です。

　ところで、さくらの開花予想をめぐっては、去年、計算ミスが発覚。気象庁が謝罪する異例の事態になりました。気象庁は去年、「記録的な早咲き」と発表しましたが、東京、静岡などで誤りがあり、桜の開花に合わせたイベントなどに大きな影響が出たのです。

　気象庁は今年の開花予想について、「万全を期しているので、去年のようなミスはない」としています。

23　ビジネスマナー……電話応対

聞いてみましょう　🔘 23-1

　皆さんは卒業してから、会社に入って、お客さんにうまく電話応対をする自信がありますか。電話応対のマナーを知っていますか。ここでは、５つ紹介しましょう。

　まずは、電話がかかってきたら、３コール以内に取るようにしましょう。新入社員のうちは、電話に出ることが怖くて、誰でも電話を取りたくないという心理になります。しかし、勇気をもって電話を取ることで、会社の大切なお客様の情報を誰よりも数多くキャッチできるのですから、早く業務内容を覚えることができます。積極的に電話に出ることが、お客様の印象を良くする、最も身近に出来ることなのです。

　第二に、最初の名乗りで、その後の電話応対が決まります。また、相手に好印象をもってもらいやすく、話がスムーズに進む場合が多いものです。明るく、はっきりした声で名乗りをするように心がけましょう。

　第三に、気持ちのよい挨拶は、相手の気持ちを明るくさせ、リラックスさせる効果も

ありますので、積極的に挨拶をしましょう。

それから、忘れてはいけないものは、電話は、相手の顔が見えないので、つい頬杖をついて電話をしたり、のけぞって足を組んだり、気が緩みがちです。しかし、そうした態度は先方に必ず伝わります。相手に見えないからといって、ぞんざいな姿勢で電話をするのは慎みましょう。また、電話をしている人の側で、大声で世間話をしたり、笑ったりするのも厳禁です。

最後に、電話を切る時は、相手が受話器を置いてから、そっと受話器を置くのが基本です。いきなり、「ガチャッ」と切る人がいますが、良い印象をもちません。

また、電話の終わりには挨拶をしっかりとすることが重要です。そのことで、相手に良い印象を残すことになって、再度電話をする時には、良い印象を持たれたまま話ができるので、スムーズに会話が進むことでしょう。

もう一周　　　　　　　　　　　　　　　　　　　　　　💿 23-2

男：先輩、入社したら、きちんと電話応対できるかと心配していますが、どうすればいいですか。

女：そうですね。なんといっても、積極的に電話に出ることですね。

男：そうですか。積極的っていうのはすぐに電話に出るということですか。

女：それだけではなくて、遅くても3コール以内には電話に出るはずなんですが、3コール以上で受けた場合は、「お待たせいたしました」の言葉を添えることも大切です。

男：はい、分かりました。大変勉強になりました。

自律学習　　　　　　　　　　　　　　　　　　　　　　💿 23-3

今後の雨と風の状況ですが、大荒れの天気をもたらした低気圧は関東から遠ざかり始め、大雨の峠も越えてきました。

ただ、関東では今夜遅くまで雨の降りやすい状況が続く見込みです。すでに、埼玉県の秩父市や東京の八王子市などでは4月として記録的な大雨となっています。

あすは沿岸部で風の強い所がありますが、日中は全国的に晴れる見込みです。ただ、天気の変化は早く、あさっては太平洋側を中心に大雨となるおそれがあります。

24　日本旅行

聞いてみましょう　🎧 24-1

せっかく日本語を勉強しているから、日本へ旅行に行こうと考えている人が多いでしょう。日本へ旅行するには、どう準備すればいいんでしょうか。日本各地の特徴と体験してもらいたいことについて簡単に紹介しましょう。

日本列島は主に北海道、本州、四国、九州という四つの島からなっています。北海道は日本のフロンティアと呼ばれています。日本はどこへ行っても人や建物が多いが、北海道にはまだ美しい大自然が残っています。北海道の農業は、アメリカの農業の影響を受けたので、北海道を旅行すると、牛、馬、羊などの動物もたくさんいますし、日本では珍しいサイロやアメリカでBarnと呼ぶ建物などもあちこち建っていて、ちょっとアメリカのような景色が見られます。また北海道の原住民だったアイヌ村などもあります。

本州は南北に長く、日本の最大の島です。東京、大阪、京都、横浜、神戸その他、国際的によく知られる大都市はほとんど本州にあるといってよいのでしょう。東京は世界最大都市の一つで、政治、経済、商業、教育、芸術、その他、すべての文化の中心となっています。外国人の中には、東京を「醜い町」とか、「物価の世界一高い町」とか、「あまりにも混雑した町」とか言って、批判する人も多いようです。たしかに、毎日のラッシュアワーの混雑は大変なものですが、混雑の中にも秩序があるのは、東京の特徴ではないでしょうか。日本全国の1/10近い人口が東京に集まっているというのに、アメリカあたりの大都会と比べると、びっくりするほど犯罪が少なく、夜一人歩きができる町、そして何よりも、活気があって絶えず変化していく町として、東京は魅力的です。

古い都を訪ねたければ、京都に限ります。京都は第二次世界大戦の被害も少なく、昔のままのお寺や神社が何百、何千とあり、一日や二日では、とても見切れません。京都から近い奈良も有名な古い町で、日本最大の大仏があります。

四国や九州にも、見るべきところが多いです。お寺、神社、お城などの他にも、九州なら阿蘇山や桜島などの火山を訪ねるとよいです。そして、各地にある温泉でゆっくり

体を休め、その土地の料理でも食べてみると面白いでしょう。

　最後に、日本国内旅行ならJRパスを勧めます。旅行の長さによって、一週間、二週間、三週間有効の切符のことです。この切符の有効期間中、JRに何度でも乗れるので、便利で得でしょう。

もう一周　　　　　　　　　　　　　　　　　　　　　　　　🎧 24-2

女：先週ミステリーツアーに行ったんです。

男：へえ、ミステリーツアーってどこへ行くか分からないんだろう。行先も分からないのによく行くねえ。

女：お弁当がついて2980円は安いでしょう。だから。

男：そうだな。それにどこへ行っても李さんにとっては初めてのところだよな。

女：そうなんです。すごく景色がよかったですよ。

男：どこへ行ったの。

女：温泉をはじめ、お寺やラベンダー畑などに行ったんです。

男：それはよかったな。

自律学習　　　　　　　　　　　　　　　　　　　　　　　　🎧 24-3

　関東地方では、7日の夜から激しい雨が降り続き、埼玉県秩父市では降り出しからの雨量が、180ミリを超えて、4月として観測史上最大の雨量を記録しました。

　この強い雨の影響で、羽田空港では3本ある滑走路のうち1本、C滑走路が冠水。午前9時45分から2時間45分にわたってC滑走路が一時閉鎖されました。強風も加わり、日本航空と全日空は午後5時現在で合わせて148便が欠航を決めており、2万人以上に影響が出る模様です。このあと、夜にかけても欠航する飛行機が出ています。

　一方、伊豆大島の東方沖およそ20キロの海上では、朝8時半頃、パナマ船籍の貨物船「アンダルシア・エキスプレス」の船体が傾き、積み荷が荷崩れを起こして遭難信号を発信する騒ぎがありました。現場付近は、7日の夜から暴風波浪警報が出ていました。

　第三管区海上保安本部によりますと、現在、船はバランスを持ち直して自力で航行しており、20人の乗組員は全員無事だということです。

25　チャレンジ5

基本練習

Ⅰ.　🔘 25-1

　机の上に出すのは鉛筆と消しゴムだけにしてください。鉛筆は3本までですよ。まだ本やノートを出している人がいますね。余分なものはしまってください。学生証は右端に置いといてください。それからかばんは床に置かないで机の横にかけてください。

Ⅱ.　🔘 25-2

女：もしもし、今駅に着いたよ。

男：あ、そう。じゃ、駅前の道をまっすぐ行ってね、突き当りを右に曲がって。

女：はい、突き当りを右ね。

男：そう。それから2つ目の信号の少し手前に道があるんだけど、そこを左に入って…。それからね、曲がって少し行ったところに左にコンビニがあるんだけど、その向いが僕の家なんだ。2つ目の信号の手前の道を左だからね。間違えないようにね。

女：分かった。

Ⅲ.　🔘 25-3

　今日はみなさんに溺れた人を助けるための人工呼吸を実際にご覧に入れようと思います。よく見ていてください。まず、溺れた人を水から引き上げて、地面に仰向け、つまり顔を上に向けて寝かせます。はじめに、溺れた人の手首を握って腕を持ち上げます。次に、自分の上半身の体重をぐっと前にかけて、溺れた人の手をその胸に置きます。それから、手首を持ったまま腕を自分のほうに引き寄せます。そして、最後に握った手首を頭の上まで引いて、地面につくまで腕を伸ばします。さあ、ここまでが1回です。この1回の動作に5秒かけて、何度か繰り返します。

タスク練習

1.　　　　　　　　　　　　　　　　　　　　　🔘 25-4

男：ちょっと。この間買った本、どこにある？

女：本棚にしまったけど。確か真ん中の段の右のほう。

男：ないよ。…あ、あった。なんだ、もう1段上じゃないか。

2.　　　　　　　　　　　　　　　　　　　　　25-5

　　今駅前ですか。車ですね。地図はありますか。ええと、駅前から北へちょっと行って、突き当りを左に曲って、最初の角をまた左です。本当は右へ曲ったほうが近いんですけど、渋滞していますから。で、JRの線路を越えると大通りに出ます。信号がないので少し大変かもしれませんが、ここを右折します。少し行って、2つ目の信号をまた右折。そうすると五差路がありますから、右折じゃなくて、ななめ右に行くほうの道に入ってください。しばらく川沿いに走って、2つ目の信号を右に曲がり、次の角を左に曲がると、図書館が右に見えます。

3.　　　　　　　　　　　　　　　　　　　　　25-6

男：映画までにまだ時間あるね。お茶でも飲みに行く？

女：それよりね、私、買いたい物があるから…。

男：じゃあ、そこのデパートへ行こうよ。…あ！大変だ。明日の出張用の書類を会社に
　　忘れていた。ね、すぐ戻ってくるから、買い物したらあそこの喫茶店で待ってて。

女：えー！んーもう！間に合うように帰ってきてよね。

4.　　　　　　　　　　　　　　　　　　　　　🔘 25-7

男：中西さん、悪いけど、ぼくの机の上のファイル、取ってくれない？

女：はい。どれですか。重ねてあるこれかしら。

男：いや、それじゃなくて、右のほうに本とファイルが3冊か立ててあるでしょう。

女：こっちですか。

男：反対。そこは本だけだよね。…ああ、そう、そっち。そこにファイルが何冊かある
　　でしょう。その右から3冊目。あ、どうもありがとう。

5.　🔘 25-8

男：この家の玄関は東南だね。方角的にはいいよ。

女：寝室は真東を向いているんでしょ？朝早く目が覚めるのはいやだよ。

男：でも向い側の西向きよりいいと思うよ。

女：そうね。でもやはり南向きがいいと思わない？

この家の寝室の方角はどれですか。

1．東南　　　　　2．南　　　　　3．東　　　　　4．西

6.　🔘 25-9

男：これ、午後の会議で使うから、10部ずつコピーしておいて。その前に、誤字がない
　　かひととおり目を通しておいてくれるかな。あ、それから、時間変更の件、みんな
　　に連絡入れてくれた？

女：はい、入れておきました。

女の人はこれからまず初めに何をしますか。

1．会議に出席します　　　　　2．コピーします

3．書類をチェックします　　　　4．時間変更の連絡をします

26　世界のじゃんけん

聞いてみましょう　🔘 26-1

　子どもの遊びにはいろいろありますが、「鬼ごっこ」というのはだいたい世界中にあ
る遊びのようです。その鬼はどうやって決めますか。日本では「じゃんけん」で決める
のが普通です。「じゃんけん、ぽん」と言って、グー、チョキ、パーのどれか一つを出
して、負けた人が鬼になります。

　このじゃんけんも世界各地にあって、よく似ています。手を握る「グー」が石を、指
を二本出す「チョキ」が「はさみ」を、手を開く「パー」が「紙」を表すのが一番多い

です。石とはさみと紙の勝負ですから、グーはチョキに勝って、チョキはパーに勝つことが分かります。紙は石を包むので、パーはグーに勝ちます。国によって、グーが金づちだったり、紙は布だったりします。

　マレーシアのじゃんけんはちょっと違います。グーとパーの形は日本とそっくりですが、チョキは指先を全部合わせて前に出して、まるで鳥のくちばしのような形を作ります。そして、パーは紙ではなくて水を表します。ですから、石と鳥と水の勝負です。

　インドネシアにもじゃんけんのような遊びがあります。握りこぶしから親指だけ出すのが「象」で、人指差しだけ出すのが「人」、小指だけ出すのが「アリ」だそうです。象が人に勝って、人がアリに勝つのは分かりますが、どうしてアリが象に勝つのでしょうか。アリみたいに小さくても大きいのを倒すことができるところが面白いでしょう。

『ニューアプローチ中級日本語（基本編）』日本語研究社より

もう一周　　　　　　　　　　　　　　　　　　　　　　　　🔘 26-2

女：それじゃ、だれが掃除をするか決めたいと思います。

男：あのう、どうやって決めますか。

女：じゃんけんで決めましょうか。負けた人が掃除をしましょう。

男：私はじゃんけんが弱いんですよ。

女：うーん。それじゃ、あみだくじにしましょうか。

男：あみだくじというのは何ですか。

女：こうやって線を上から下に何本かひいて、それからその間にも線を何本かひいて、階段のような形にするんです。そして、一番下の所に1つだけ「そうじ」と書いておくんです。

男：ああ、それなら見たことがあります。それで、出発するところを決めて、最後に「そうじ」のところに行った人に決まるんですね。面白そうですね。

女：じゃ、これで掃除をする人を決めましょうか。

『ニューアプローチ中級日本語（基本編）』日本語研究社より

自律学習　　　　　　　　　　　　　　　　　　　　　　　　🔘 26-3

　ドイツのベルリンで開かれている陸上の世界選手権は16日、男子100メートルの決勝が行われジャマイカのウサイン・ボルト選手が9秒58の世界新記録で優勝しました。ボ

ルト選手は去年の北京オリンピックで自分がマークしたそれまでの世界記録９秒69を０秒11縮めて世界選手権のこの種目で初優勝です。ボルト選手は、レースのあと、「９秒５台のタイムで初めて走った人間になることができて誇りに思うし、うれしい。良いスタートが切れて、加速もよかった。50メートル以降は自分の強みなので、もう抜かれないと思った。次に世界記録を更新するのが自分になるかは分からないが、自分には何でも可能だと思う」と話していました。

27　敬語は必要か

聞いてみましょう　　　　　　　　　　　　　　　　　　　💿 27-1

　中国で日本語を勉強している人の数は26万人を超えているらしい。日本語を習って、一番難しいと感じるのは何であるかと聞いたら、やはり敬語だと答える人が多いだろう。敬語を正しく使うのは日本人にとっても簡単な事ではないようだ。敬語は必要ない、人間は平等なのに、敬語を使うのは変だ、と考える人がいる。また、敬語がないほうが楽だという考えもある。

　確かに敬語をきちんと使うのは難しい。そのため、敬語を使わなくてはいけないような場面、つまり目上の人やよく知らない人と話す機会を避ける若者も多い。その結果、敬語がますます使えなくなる。

　それでは、敬語はないほうがいいのだろうか。そして、これから次第になくなっていくのだろうか。

　ここに敬語についての高校生の意識調査の結果がある。この調査によると、敬語を知ってはいるが、うまく使えないという人が多いことが分かる。しかし、高校生の多くは敬語を「人間関係をうまく調整するものだから、これからの世の中にも必要である」と思っており、「相手を思いやる心から生まれるもの」だととらえている。そして、大多数の人は敬語を知らないと困ると考えている。

　その結果から考えてみると、敬語は今後もなくなると思えない。実際、会社などでは、新入社員は研修の時に厳しく敬語を練習させられる。また、大学の中には、いい会社に就職するために、言葉遣いのトレーニングをするところもあるそうだ。とにかく、

敬語を身につけなければ社会でうまくやっていけない。では、どのようにしたら、敬語は身につくのだろう。

　敬語は机の上で勉強できない。基本だけ覚えたら、実際にどんどん使ってみることが大切だ。間違えたらどうしようと思って、引っ込み思案にならないで、上下関係、親疎関係のある場に積極的に出てみたらどうだろうか。

　ここで注意してもらいたいのは、敬語は言葉だけの問題ではない、ということである。敬語は相手に対する配慮を表したものだから、言葉だけではなく態度や行動にも気を配る必要がある。部屋を出る時「失礼します」と言っても、ドアをバンと大きな音を立てて閉めてしまったら、いやな感じがするだろう。逆に、顔を見たら挨拶をしたり、相手の名前を覚えたりするだけで、相手に敬意が伝わり、人間関係はうまくいくこともある。まずはできるところからはじめてみたらどうだろうか。

『文化中級日本語Ⅰ』文化外国語専門学校編より

もう一周　　　　　　　　　　　　　　　　　　　　　🔘 27-2

男：今日はお忙しいところ、本当にありがとうございました。

女：いいえ。何か分からないことがあったら、いつでも聞いてください。

男：どうもありがとうございます。何かあったら、またお願いいたします。

女：そんなに、丁寧に言わなくても…

男：えっ、そうですか。

女：そうですよ。友達には、丁寧に話しすぎるとかえって他人行儀ですよ。

男：そうですか。でも、佐藤さんも私にいつも丁寧な言葉を使いますよね。

女：それはキムさんのほうは年上だから…

男：でも、佐藤さんはゼミでは先輩ですよ。

女：そうですね。じゃあ、これからお互いに、あまり丁寧な言葉は使わないようにしない？

男：いいですね。あ、今みたいな時は、何と言えばいいでしょうか。

女：「いいね」かな。「そうだね」って言ってもいいわよ。

男：「いいね」だね。

女：そうそう。

男：いろいろ教えてくれてありがとう。今日はお礼に昼ごはんをご馳走しますよ。

女：えっ、いいわよ。それに、「しますよ」じゃなくて「するよ」でしょう？

男：ああ、そうか。とにかく、遠慮しないで。まだ時間はあるでしょう？

女：ええ、まあ。

男：じゃあ、行きましょう。じゃなくて、行こう。

女：うん。

自律学習　　　　　　　　　　　　　　　　　　　　　　🔘 27-3

　前日、メジャー2度目のサヨナラヒットを放ったイチロー選手。勢いそのままにこの日も第1打席からライトへヒットを放ちます。

　続く第2打席は、センターへきれいに運び、早々と2試合連続マルチ安打をマーク。ところが落とし穴が待っていました。けん制に引っ掛かり、完全に逆をつかれてしまいます。さすがのイチロー選手も逃げきれずにタッチアウト。

　さらに第4打席にも内野安打を放ちますが、イチロー選手らしくない、1試合2度目のけん制アウト。みすみすチャンスを潰してしまいます。

　このままでは終われない、迎えた9回、ツーアウト2塁。この日の4安打目は劇的な逆転サヨナラツーランアーチ。2試合連続のサヨナラ打は2度のけん制アウトも帳消しにする貴重な一打。最後は笑顔で大はしゃぎでした。

28　日本発モノガタリ

聞いてみましょう　　　　　　　　　　　　　　　　　　🔘 28-1

　日本のある研究所が日本人に「20世紀に日本で作られ、世界で最も愛されているもの」を尋ねたことがあります。1位に挙げられたものは「カラオケ」でも「ウォークマン」でもなく、「インスタントラーメン」でした。

　「インスタントラーメンは、世界で年間437億食以上が消費され、国際食という呼び名がふさわしい」と、評価が集まった理由を説明しています。

　第2次世界大戦後の日本では米が不足し、飢える人が少なくなかったそうです。政府

は国民にご飯のかわりにアメリカが援助してくれる小麦粉で作ったパンを食べるよう奨励しました。

　だが中国台湾出身の安藤百福（あんどう　ももふく）、後の日清食品会長は、援助物資の小麦粉で作ったパンではなく、東洋人の口に合った、安くて長期保存が可能な食品を作るべきだと強調しました。それが実現したのが1958年8月25日のことでした。

　安藤氏は自宅の庭に三畳ほどの小屋を建てて、失敗は一年以上続きましたが。そんな時、妻が食事に出した天ぷらにヒントを得て、油で揚げた麺を発明しました。それが世界初のインスタントラーメン「チキンラーメン」でした。当時、一袋35円でした。

　チキンラーメンは、お湯をかけるとわずか2〜3分で乾燥した麺がラーメンに変身するということから「魔法のラーメン」と呼ばれ、大ヒット商品となったようです。

　ラーメン一筋50年の人生を送った安藤氏は2007年96歳で亡くなりましたが。中曾根元首相は「故人は食品文化を開拓し、戦後日本の復興を主導した創意的な企業人だった」と故人を偲びました。今後、人々はそんな彼を単なる「即席ラーメンの父」ではなく「戦後の廃墟から日本を復興させ、日本の食品で世界を制覇した英雄」として永遠に記憶することでしょう。

李濬（イ・ジュン）論説委員『朝鮮日報』より

もう一周　　　　　　　　　　　　　　　　　　　　　🔘 28-2

男：井上さんは、週末にまたデートだった？

女：違うよ。中国人の知り合いの女の子が日本へ来てね、一緒にロボットの展示場を見に行ったんですよ。あの子はね、エンジニアの私より日本のロボットの話に詳しい。ねえ、日本で一番古い、最古のロボット、知ってる？

男：ううん、知らないけど。

女：それはね、1662年に大阪で作られた「からくり人形」で、この人形を使った芝居が行われたらしい。それに、いろいろ見てまわって、やっぱり昔のロボットが一番気に入ったわ。人間にそっくりな形で機械らしくないし、とても親しみやすくて、子供にも大人にも人気があったそうよ。

男：そうか。からくり人形か。一度見てみたいよね。

自律学習　　　　　　　　　　　　　　　　　　　　　　　　28-3

　日本道路交通情報センターによりますと、午前11時現在、中央自動車道の下り線は上野原インターチェンジ付近を先頭に首都高速まで続く56キロの激しい渋滞となっています。

　このほかにも、いずれも下り線で東北道・佐野サービスエリア付近で43キロ、関越道・東松山インターチェンジ付近で41キロの渋滞となっています。

　今日午後からはふるさとや行楽地などで過ごした人たちのUターンラッシュが始まる見通しで、東北道・矢板インターチェンジ付近で40キロ、中央道・小仏トンネル付近で40キロ、東名阪道・四日市インターチェンジ付近で40キロなどの渋滞が予想されています。

29　ハイブリッドカー

聞いてみましょう　　　　　　　　　　　　　　　　　　　　29-1

　ハイブリッドカーというのは、異なる二つ以上の動力源を持ち、状況に応じて単独、あるいは複数と動力源を変えて走行する自動車のことです。

　自動車のエネルギー効率は、油井から車輪までの総合効率で考える必要がありますが、ハイブリッドカーは総合効率が電気自動車や燃料電池自動車と同程度であり、環境負荷の低い実用車として注目されています。

　乗用車に広く使われるガソリンエンジンは、スピードが遅い場合、効率が著しく下がります。そこで低速域では効率の低いエンジンを停止して、電気モーターのみで走行することによって燃費の改善と、有害排出物の低減が出来ます。

　ハイブリッドカーは電池とモーターを積んでいるという特徴を生かして、最近ではさらに電気自動車寄りに進化させた発展型のハイブリッドカーが開発されています。

　市販されているハイブリッド乗用車では、10万キロのライフサイクル評価で同クラスガソリン車よりも2割～3割の二酸化炭素排出量が削減できます。その削減量は従来の

ガソリンカーでは到底実現できないもので、日本ではハイブリッドカーが環境にやさしい車として評判が高いです。

一方、ハイブリッドカーは走行中の音が静かすぎて、歩行者が車の接近に気づかず危険だという指摘がありました。それに対して、国土交通省は音を発する装置の取り付けを義務づける方針を決めました。

自動車発進時から時速 20 キロまでの間、自動で音を発するようにする、音は自動車をイメージしやすく、大きさも一般のエンジン音と同じ程度にする、といったガイドラインをまとめ、法整備を勧めたうえで、将来的にすべての新車に義務づけるとしています。また、すでに販売された車についても装置の取り付けを求めいていくとしています。

昨今の世界的原油価格の高騰で、ハイブリッドカーの販売は非常に伸びており、電気自動車や燃料電池車が市販されるまでは主流の技術になると考えられます。

もう一周　　🔊 29-2

仮想現実のゲームは実はかなり前からあります。遊園地などで、自動車を運転するゲームがあります。画面には道路が見えます。レバーを動かすと映像が動き、道が曲がったり、向こうから大きなトラックが来たりします。気をつけないと道を歩いているお年寄りにぶつかります。最後に数字が出て、運転能力を表します。子供にも親にも面白いです。中年の親がやってみると子供より数字が悪いことが多いです。残念がって親はまたやります。お金のもうかる装置です。

自律学習　　🔊 29-3

13 日、ドイツのベルリンで国際オリンピック委員会の理事会が開かれ、野球・ソフトボール・ゴルフ・7 人制ラグビー・空手・スカッシュ・ローラースポーツの 7 つの候補のうち、新たにゴルフと 7 人制ラグビーが投票で絞り込まれました。

「2016 年のオリンピックには 7 人制ラグビーとゴルフを推薦します。ゴルフは今の若い世代が 2016 年には一番活躍が期待される年齢になるスポーツです。IOC の理事全員ですべての競技について公平に議論し投票しました」と IOC の J・ロゲ会長が話しました。

ゴルフと 7 人制ラグビー、この二つの新たな競技は 10 月の IOC 総会を経て正式に決定となります。

30　チャレンジ６

基本練習

Ⅰ.　🔘 30-1

女：高校を卒業して、私、樹医の専門学校に入りたいと思っています。

男：じゅい？あ、猫や犬のお医者さんになりたいんですか。

女：それは「獣医」でしょう。私ね、木や花などの植物が大好きでね。部屋中も緑でいっぱいにしておきたいの。

男：花屋でいろいろ買ってくればいいじゃないか。

女：買っても、すぐ枯らしちゃうの。だから、木が元気かどうか診察をして、必要なら薬もあげて。

男：なるほど。

Ⅱ.　🔘 30-2

男：新しいマネージャーを選ぶのって意外と大変だね。

女：ええ、人材はけっこういるんだけど、誰か１人選ぶっていうのは難しいわね。

男：うん。阿部君はまじめで仕事が確実だけど、独創的なところがあまりないし…。吉田君は技術力がなんか高いんだけど、態度はちょっと…。

女：そうね。太田さんもどちらかというと吉田君タイプだし…。ああ、藤井さんはどうかしら？彼、仕事はとても速いわ。

男：でもなあ、時々ミスがあるからなあ。やっぱり今回は正確なほうをとるか。

女：そうね。

Ⅲ.　🔘 30-3

女：車いすで参加できる海外ツアーがあるんだって。

男：ふーん、体が不自由な人でも安心して海外旅行できるってわけか。

女：うん、付添の同伴や折り畳み式の車いすの用意なんかが参加の条件なんだけど、旅行会社からもお世話をする添乗員が特別に同行するんだって。

男：へー、そう。でも高いんじゃないの？

女：うん、普通の 3、4 割増しだって言ってた。でもさ、介護人が付くことや、ホテル
　　や車のことなんか考えたら…。

タスク練習

1.　　　　　　　　　　　　　　　　　　　　　　　　　　　　　　　🔵 30-4

女：この度は小説大賞の受賞、おめでとうございます。上村さんはお仕事のかたわら、
　　もう長いこと小説を書いていらっしゃるそうですね。

男：職業柄、ちょっと意外だって言われるんですけど。

女：そう言えば、今回受賞された作品のテーマは「銀行強盗」でしたね。

男：ええ、実は同僚がかかわった犯人逮捕をちょっと小説にしてみただけなんですけ
　　ど。

女：ご自身関係なさった事件も、もちろん…。

男：いやあ、この仕事には危険がつきものですからねえ。自分の体験なんか書く気にな
　　りませんよ。

2.　　　　　　　　　　　　　　　　　　　　　　　　　　　　　　　🔵 30-5

先生：李君。ちょっとこっちへ入って。あのね、明日午後 1 時に日本からの学生が着
　　　くんだけど、空港へ行ってくれないかな。

李　：明日ですか。　明日は実験をすることになってたんですけど。

先生：あっ、そうか。張君はどうかな。

李　：張君はサッカーの試合があるらしいです。

先生：どうしよう。ほかは誰かあいている人がいないかな。

李　：あの、実験は明後日にしても大丈夫ですけど。

先生：いいの？悪いね。その学生だけど、青木恵美というんだ。

李　：分かりました。

先生：頼むんだよ。

李　：はい。

3. 🔘 30-6

女：青木くん、顔色が変だよ。

男：そうですか。

女：熱があるんじゃない。

男：ええ、実は喉が痛いし、頭もがんがんするんです。

女：きっと風邪よ。

男：はい。

女：それ、今日中にしなければならないの？

男：いいえ、そういうわけでもないんですけど。

4. 🔘 30-7

女：ねえ、これから本屋に行くんだけど、いっしょにどう？辞書がほしいって言ってた
　　でしょ？

男：ええ、じゃ、僕、どれがいいか分からないから、いっしょに見てもらえますか。

女：ええ、いいわよ。じゃ、行きましょう。

男：あなたは何を買うんですか。

女：ガイドブックよ。今度の夏休みに沖縄に行く予定なの。レンタカーにするので、詳
　　しい地図の載っているものが欲しいの。ついでにね、読みたいマンガもあるし。さ
　　あ、えーと、辞書は2階ね。まず、辞書から選びましょう。

女の人は何を買うつもりですか。

1. マンガとガイドブックと地図　　　　2. 辞書とガイドブック

3. ガイドブックと地図　　　　　　　　4. ガイドブックとマンガ

5. 🔘 30-8

女：この写真の子ってお子さんですか。

男：そうです。可愛いでしょ。母親に似ていると思いますか。

女：それほどでも…

男：そうでしょう？どっちかというと、父親似ですよね。

女：ううん…あっ、こちらはおじさんですか。よく似ていますね。

男：いいえ、これ、私の友人です。

女の人は、子供が誰に似ていると思っていますか。

1. 父親に似ている　　　　　　2. 母親に似ている

3. おじさんに似ている　　　　4. どちらにも似ていない

6.　　　　　　　　　　　　　　　　　　　　30-9

女：社長、これが今回のアンケートの結果で、勤務地に関する社員の希望を集計したものです。

男：東京本社を希望している社員はどのくらいいるのかね。

女：はい、約半数です。

男：やっぱりそうか。都会離れが進んでいると聞いてはいたが…。

女：それから、希望通りの勤務地に入る人は4割弱に過ぎません。

男：そうか。自分の出身地を希望する者が、やはり多いんだろうね。

女：それが、ちょっと意外な結果が出ていましたね。

会話の内容に合うものは、どれですか。

1. 東京を希望する社員は減っています　　2. 希望通りの勤務地に入る人は多いです

3. 東京を希望する社員は4割弱です　　　4. 出身地を希望する社員は多いです

31　日本人と魚

聞いてみましょう　　　　　　　　　　31-1

　豊かな海や湖に恵まれた日本人は地域や季節に応じて、多種多様な水産物を利用して、古くから魚食文化を発達させてきました。魚は日本人の生活と切っても切れない関係にあります。

　江戸時代には、東京湾でとれた水産物を使って、握りずし、てんぷら、鰻のかばやきといった料理が誕生しました。中でも握りずしは江戸のファーストフードとして、今や

世界中に広まり、日本が世界に誇る魚食の一つとなっています。「魚を食べると頭がよくなる」と一時的には魚は日本人の食卓に欠かせないものとなっていました。

しかし、近年食事の欧米化に伴って日本人の食卓は大きな変化を見せています。昔は1日3食、野菜や魚をバランスよく食べていましたが、現代人はそれらを食べる回数が減ってきています。魚の消費量が低下してきており、つまり「魚離れ」現象が進んでいます。海が汚染されて、魚がとれなくなったり、主婦たちが「調理のしやすさ」とか「食べやすさ」を求めたりする結果、日本周辺でとれた多種多様な水産物のおいしさを味わう機会が減少したのだと考えられます。

日本人一人当たりの魚の摂取量が減る一方で、健康食として魚の食用価値が見直されてきました。魚に含まれる栄養素は心筋梗塞や肥満やうつ病などの予防に役立つといった研究結果も報告されています。

スーパーや市場の魚売場の前を通ると「サカナ、サカナ、サカナ、サカナを食べると、カラダ、カラダ、カラダ、カラダによいのさー」という歌が聞こえてきます。この歌は、全国漁業協同組合連合会中央シーフードセンターが、魚食の普及を目的に平成3年に制作した歌です。この歌のおかげで魚離れした人たちが少しは魚を再認識しはじめたのではないでしょうか。

もう一周　　🔘31-2

女：あ、魚図鑑を読んでいるの。珍しいねえ。

男：今日の授業で先生は「出世魚」を面白く説明してくれたから、もっと知りたいと思ってさ。

女：「しゅっせうお」って、どんなもの。

男：それは魚のことだよ。この魚は成長段階に応じて異なった名前で呼ばれるのが大きな特徴なんだよ。それで日本人に「出世魚」って名づけられたんだよ。

女：どうして。

男：江戸時代前までは、男子は成人儀式や出世に伴って名前を変える習慣がありました。出世魚という呼び方は、「成長に伴って出世するように名前が変わる魚」として、縁起のいい魚として扱われているそうだよ。

女：ええ、よく知っているね。

男：さっきこの本で読んだんだ。

自律学習   🎧 31-3

　アメリカ女子ゴルフツアー・サムスン世界選手権最終日。首位と3打差、3位スタートの宮里藍選手は16番。このホールでバーディーを奪い、残り2ホールを残し単独トップに立ちました。

　2位と1打差で迎えた最終18番、パーファイブ。2オンを狙ったボールは無情にも池へ。このホールをボギーとし、韓国のチェ・ナヨン選手に逆転を許し、ツアー2勝目を目前で逃しました。

32　ぼかし表現

聞いてみましょう   🎧 32-1

　皆さんも日本語の勉強に従って、ぼかし表現について段々気になってきたでしょう。ぼかし表現というのは、物事をはっきりと断定しない、または婉曲な表現を使うことで、自分の意見を「ぼかす」ことです。日本人の日常生活で、ぼかし表現が広がっています。床屋に行ったら、「上着のほう、お預かりします」と言われました。飲食店のレジでは、「お会計のほう、6000円になります」。そこで、1万円札を出せば、「1万円から、お預かりします」となります。「のほう」も「から」も、規範的な表現からは、はずれています。「上着を」「お会計は」「1万円」で十分です。こういった表現について、専門家は断定を避けて、表現を和らげようとする心理の表れだと分析しています。

　文化庁は国語に関する世論調査で、この種の「のほう」と「から」について尋ねていました。

　「お会計のほう」を「気になる」と答えた人は32%で、「気にならない」は64%です。「1万円から」は、「気になる」が38%で、「気にならない」は58%です。どちらも、「気になる」は少数派です。

　以上の例のほかに、何かにつけ、「私的には、僕的には、俺的には」や「個人的な意見ですが」などを使うこともぼかし表現の一種だとされます。

　日本語の標準が移って、規範からはずれた表現が定着した例が数多いです。こうしたぼかし表現も、正当とされる時が来るかもしれません。われわれ中国人の日本語学習者にとっても、それが一番難しくて、誤解を招きやすいところでしょう。

『日語新聞听解百日通』より

もう一周 　　　　　　　　　　　　　　　　　　　　　　　　　 32-2

女1：まだそこでジベタリアンやってるの。どこかへ行こうよ。

女2：そうね。何か食べに行こう。イタメシ屋なんかどう。

女1：そのへんでマクるつもりだったけど

女2：うーん、ほかに選択肢ある？

女1：うん、日本ソバでもいいけど。

自律学習 　　　　　　　　　　　　　　　　　　　　　　　　　 32-3

　地球温暖化が大きな問題となる中、韓国の首都圏では、交通渋滞を解消し、エネルギーの無駄遣いを減らそうと、車の通行を禁止する「ノーカーデー」と呼ばれる取り組みが行われています。

　この取り組みは、大気汚染を改善しようと11年前にフランスで始まったもので、今では世界40か国余りに広がっています。このうち、韓国では22日、ソウルやインチョンなど首都圏の都市で実施され、ソウルの中心部では午前4時から午後6時まで車の通行が、バスを除いて全面的に禁止されました。そして、公共交通機関のバスと地下鉄は朝の通勤時間帯、およそ4時間にわたって無料になりました。バスを利用して出勤した会社員の男性は「道が込んでいないので、いつもより早く出勤できて気分がいいです」と話していました。韓国政府は、自家用車で通勤する人が多いことが交通渋滞に拍車をかけているとして、今年7月から公務員を対象に、車のナンバープレートの末尾番号で、利用を規制する対策を打ち出しました。しかし、効果はあまりあがっていないという指摘もあり、韓国政府は今後、「ノーカーデー」を首都圏以外の地方都市にも広げて実施し、国内の省エネ意識を高めていきたいとしています。

33　人間としての成功

聞いてみましょう　　　　　　　　　　　　　　　　　　　　🔘 33-1

　成功という言葉は、私にとってはとても重要なキーワードの一つです。では、何を
もって成功したと言えるのか、これは、永遠のテーマでもあります。

　辞書などを引くと、「物事を目的どおりに成し遂げること」などと書かれています
が、成し遂げた状態の自分は、一瞬の出来事だと思うのです。そして次の瞬間からは、
徐々にその成功が色あせていきます。

　ビジネスやスポーツなど目的や結果がはっきりしているものなどは、それは重要なこ
とですが、私は人生の成功という観点でみると、それでは、何の意味も無いと思うので
す。なぜなら、その後も人生は続くからです。

　私は成功というものを、生涯をかけて、自分の価値ある目的や目標、使命や志など自
分にとって最も重要な事と知って、それに向かって行動し続けるプロセスこそ、成功の
状態だと思うのです。

　だからこそ、その結果がうまく出てこなくても、予想以上の結果が出たとしても、そ
れは、私の概念の成功からすれば、ただ、その時の状態であり、目的に向かって行動し
続けてさえいれば、どんな状況であろうが、失敗ということは無いと思うのです。

　私は、人生をかける志や自分に与えられた使命というものに、いまだ気が付くこと
が出来ずに、毎日、模索中です。そして、自分が目指すべき場所、それを心に決めるこ
と、それは日々の生活や努力の中から生まれると信じています。

　これは、私にとっての成功の入り口だと思っています。

もう一周　　　　　　　　　　　　　　　　　　　　　　　🔘 33-2

　1. 自分をほめる心境

　私はいま、20代の夏の日のことをなつかしく思い出しています。日のあるうちいっぱ
い仕事をし、晩にはタライに湯を入れて行水をするのです。仕事を終えたあとの行水は
非常にさわやかで、「自分ながら今日一日よく働いたな」という満足感を味わったもの
です。自分ながら今日はよくやった、と言って自分をほめる、自分をいたわるという心

境、そういうところに私は何だか生き甲斐というものを感じていたように思うのです。お互い毎日の仕事の中で、自分で自分をほめてあげたいという心境になる日を、一日でも多く持ちたい、そういう日をつみ重ねたいものだと思います。

　2．おとなの責任

　現代の青年は夢がないとか、生き甲斐を見失っているとか言うけれども、それは青年自身の問題ばかりでなく、社会の問題、おとなの問題とも言えるのではないだろうか。つまり、おとなというか、その国、その政治が青年たちに生き甲斐を持たすようにしていない、夢を与えていない、使命観を与えていないのである。たとえ同じ仕事をするにしても、そのことの意義とか価値というものをはっきりと自覚させられ、教えられていないから、迷ったり不平を持って、やがては現代の社会をのろうようにもなるわけであろう。そこに今日の日本の根本の問題があるのではないかと思う。

自律学習　　🖸33-3

　成田空港では、シルバーウイークを海外で過ごす人たちで、朝から出発ロビーが混雑しています。日本航空・全日空によりますと、今日だけでおよそ3万1,800人が出国する見込みで、成田空港では、家族連れなどの姿が多く見られました。サーチャージの廃止もあって、アジアやヨーロッパなどが人気だということで、各便ともほぼ満席です。

　Uターンラッシュは、23日と24日にピークとなる見込みです。また、国内線は19日が下りのピークで、日本航空・全日空ともに各便、予約でほぼ満席の状態となっています。Uターンラッシュは、国際線と同じく23日ごろがピークになる見込みです。

34　バイオエタノール

聞いてみましょう　　🖸34-1

　バイオエタノールは、サトウキビやトウモロコシなどのバイオマスを発酵させ、蒸留して生産されるアルコールの一つのエタノールのことです。揮発性が強く、数多くのアルコール類の中でもっとも身近に使われるものの一つです。近年、日本では自動車燃料

として脚光を浴びており、世界中でもさらに大きく注目を集めています。

　バイオエタノールは再生可能な自然エネルギーであること、および、その燃焼によって大気中の二酸化炭素を増やさない点から、エネルギー源としての将来性が期待されています。

　バイオエタノールの原料は、現在では、ブラジルではサトウキビ、アメリカではトウモロコシ、ヨーロッパでは甜菜が主な原料となっています。

　一方、生産過程全体を通してみた場合の二酸化炭素削減効果、エネルギー生産手段としての効率性、食料との競合、といった問題点も指摘されています。

　なお、研究者たちが残飯やクズ属植物などから、バイオエタノールを抽出したり、パルプ液とか、廃棄木材、稲の葉っぱなど、さまざまなものを分解して原料とする研究を進めています。いずれにしても、これらの原料は、使用価値の低いものから燃料を作ることができるので、今後の展開が注目されます。

もう一周　　　　　　　　　　　　　　　　　　　　　　　　　　🌐 34-2

　コンビニはわれわれの生活を快適にしているが、温暖化対策上には問題がある。24時間電気で明るくし、いつでも冷たいジュース、温かいコーヒーが飲める。カラーコピーもでき、ATMで現金が引き出せるが、どれもこれも電気をたくさん使う。コンビニはこれから電気を使用する量を減らすために、大変な努力をしなければならなくなるだろう。

自律学習　　　　　　　　　　　　　　　　　　　　　　　　　　🌐 34-3

　経営再建中の日本航空が、国内路線の廃止を進め、七つの空港から撤退することが明らかになりました。撤退するのは、静岡、松本、神戸など七つの空港です。このうち静岡は、6月の開港からわずか三か月で撤退が打ち出されました。また、「松本」と「広島西」は日本航空以外の航空会社による運行がないため、発着便そのものが無くなることになります。こうした中、国土交通省は地方路線の維持を支援する目的で7月に空港の着陸料を一時引き下げていますが、引き下げ幅の拡大や期間の延長を検討しています。

35 チャレンジ7

基本練習

I.　　　　　　　　　　　　　　　　　　　　　　　　　　　🔘 35-1

　ここにあるのは、みんな十字架です。ずいぶん変わった形のものがあるでしょう。これは、縦横の十字全体に円が重なっていますね。それから、こちらのは円が十字の上の部分についています。それから、これなんかは、横に3本平行に入っていますが、3本の一番下が斜めになっているものがあるんですよ。

II.　　　　　　　　　　　　　　　　　　　　　　　　　　　🔘 35-2

　このグラフは、日常生活で何か悩みを持っているかどうかを日本人とアメリカ人を対象にアンケート調査した結果です。これを日本人についてみると、悩みを持つ人が一番多いのは、女性が40代、男性30代で、悩みを持つ時期に男女で10年ほどの差があるようです。また、悩みを持つ女性は40代に最も多いのですが、男性はというと、この年代で割合がガタンと落ちているのも特徴的です。

III.　　　　　　　　　　　　　　　　　　　　　　　　　　🔘 35-3

女：表紙のデザインは、どんなのにしますか。

男：ぼくのイメージはね、円と半円が上下に並んでいるんだ。

女：どっちが上ですか。

男：半円を下にするとバランスが悪くならないか。

女：そうですね、じゃ、こんなふうに。

男：あ、円と半円は、接しているより少し重なっているほうが面白くない？それでイラストは円の中に入れる。

女：はい、絵をここに。タイトルはどこにしますか。

男：重なっている部分に入るだろう。

タスク練習

1.　　　　　　　　　　　　　　　　　　　　　　　　　　◎ 35-4

女：ねえ、あの旗、どこの国の旗か知ってる？

男：どれ？

女：ほら、丸と三角の。

男：ああ、真ん中に丸があって、その中が三角のある？

女：それじゃなくて、真ん中に三角があって、その中に丸のある旗。

男：えっ、どれ。なんか似たのがいっぱいあるけど。

女：ほら、あそこの。真ん中に大きい三角があって、その中に丸が入っているの。周り
　　が縦じまになっているやつ。

男：ああ、あれ。どこのだろう。

2.　　　　　　　　　　　　　　　　　　　　　　　　　　◎ 35-5

女：全体的には働く女性が本当に増えました。結婚したり出産で仕事をやめる人もけっ
　　こういるのですが、労働率は30代後半になるとピークの20代とほぼ同じぐらいまで
　　上昇します。ちょうど、教育費や家のローンなどで経済的に厳しくなるせいでしょ
　　う。今後は、結婚や出産があっても、仕事を辞めないで働き続けるという女性が増
　　えていくでしょう。

3.　　　　　　　　　　　　　　　　　　　　　　　　　　◎ 35-6

男：子供の絵って、面白いね。

女：ほんと。大人じゃ、想像つかないわね。ねえ、これ見て。犬にも見えるし、猫にも
　　見えるし。

男：はは、本当だ。きっと、いろんな動物を一つにしちゃったんだね…しっぽを見てる
　　と、ネズミとも言えるよね。

女：しかも、白と黒のしま模様よ。シマウマ、かきたかったのかな。

男：そうだね。夢で見たのかもしれないね。

4.　　　　　　　　　　　　　　　　　　　　　　　　　　◎ 35-7

女：これ、田中さんの会社の新しいマーク？

男：うん、デザイナーがいくつかかいてくれたんだ。「田中」の「田」と海を進む船を表しているんだけど。

女：ふうん。意味はロマンチックなのに、デザインがなんかちょっと。

男：中の正方形を斜めにしたものあるよ。これだ。

女：ずっといいじゃない。あ、外枠を楕円にしたら？

男：こう？正方形がつぶれて菱形になっちゃうよ。

女：正方形にしたいんなら、楕円に接する角を上下だけにして、左右は離してもいいんじゃないかな。例えばね…。ほら、こうなふうに。

男：どれどれ…。あ、なるほど。なかなかいいねえ。

5.　　　🔘 35-8

男：今年の梅雨は雨がほとんど降らないで終わっちゃったね。

女：ほんとに。これから水不足が問題になるわね。ほら、おととしも、その前の年も雨が降らなくて、夏、困っちゃったじゃない。

男：そうそう。3年前だって？あの時の水不足は深刻だったよな。今年もそうならなければいいけど…。

女：うーん。去年は去年で大雨が続いて、この近くの河が増水して心配しちゃったし…。

男：まったく、ちょうどいいくらいに降らないものかね。

6.　　　🔘 35-9

男：この写真をこのスペースに入れようと思っているんですが。でも、あまりスペースがないから、カットしなきゃ。

女：そうしたら、人物だけにして周りを切ったらどうかしら。こう左右を切って、そう、いっそ上半身だけにしちゃったほうが笑顔が生きるわね。

男：そうですね。でも、この後ろの建物が記事に出てくるので、できれば残したいんですが。

女：そう。じゃあ、人物を上半身だけにして横長にしたらどうかしら。

男：あの、この人の着ている服も記事に出てくるんです。できればこのまま。

女：そうなの。記事のテーマは…

男：「私の生まれた家」です。

女：服はテーマとは関係ないのね。

男：はい。

女：だったらテーマのほうを大事にして、余分なところはなくしたほうがいいじゃない
　　かしら。

男：そうですね。

36　芸者と舞妓

聞いてみましょう　　　　　　　　　　　　　　　　　　　　　　　36-1

　日本には、芸者や舞妓と呼ばれる女性がいます。最近では、映画「GEISHA SAYURI」
などでも取り上げられるほど注目されています。今回は、芸者と舞妓についてお話いた
しましょう。

　芸者や舞妓と呼ばれる女性が登場し始めたのは、およそ300年前で、京都の祇園が始
まりでした。初めは、お寺や神社の参拝客、花見客の休憩所としてできた茶店や水茶屋
でお茶や団子を出す仕事をしていました。ですが、昼間のにぎわいは夜も続き、水茶屋
では、茶と団子の代わりに、酒と料理を出すようになり、夜専門の店もできるように
なったのです。そこで、店で働く女性が三味線をひいたり、舞を踊るようになること
で、更に街はにぎわっていきました。これが今でいう「芸者」にあたる女性です。その
後も、茶屋同士の集客合戦は熾烈（しれつ）を極め、やがて少女にかわいい着物を着
せ、舞を踊らせるようになりました。これが「舞妓」の始まりです。

　当時の祇園には、お茶屋はおよそ700軒、芸者と舞妓の数は3000名にものぼり、その
活況（かっきょう）は1920年頃まで続いたんです。

　現在は、政界や経済界の、著名人の交遊の場としてその名を轟（とどろ）かせる祇園
ですが、茶屋の数は年々減少し、現在は100軒を割り込み、芸者と舞妓もたいへん少な
くなってきました。

　ただ、最近は京都ブームや、各メディアで取り上げられたことから、舞妓志望者も増
え、積み重ねられた伝統が、しっかりと受け継がれているんです。

　京都の宴席を華やかに飾る芸者と舞妓。いったい何が違うのでしょうか？その違いは

舞妓としての修業期間なんです。多くの舞妓は中学を卒業して「店だし」と言われる、舞妓デビューをし、その後、だいたい20歳くらいで芸者となります。その間、京ことばや舞、三味線などを勉強し、芸者を目指します。ちなみに芸者には年齢制限はないんですよ。また、現在は、労働基準法と児童福祉法により、舞妓になることができるのは15歳以上とされています。

　京都の街を歩けば、美しく化粧された舞妓に出会う事も多くありますが、実は、この舞妓の格好をして歩いたり、写真を撮ってくれるお店も数多くあるんです。だいたい１万円くらいで、舞妓に変身することができるので、京都を訪れた際には、是非一度体験されてみてはいかがでしょうか？

　そのときには、舞妓言葉も使いたいものですよね。簡単な言葉では、「ありがとう」は「おおきに」、「すみません」は「すんまへん」、「どうぞお願いします」を「おたのもうします」などがあります。このような、独特の話し言葉が聞けるのも、昔からの伝統が守られている証拠なんですね。

『Nippon VoiceBlog』より

もう一周　　　　　　　　　　　　　🔊 36-2

男：佐藤さんは京都旅行に行ったんだって？

女：ええ。先週、行ってきました。

男：どうだった？

女：えーと。これは旅行の写真よ。

男：え？これ、何？この舞妓の格好をしているのは、まさか、佐藤さんではないでしょうね。

女：ピンポン。実は、私京都で舞妓体験をしてきました。舞妓のような化粧と髪型をして、それから、お着物を着て…。

男：なるほど、なんか、面白いですね。私も、今度、京都に行って、本場の舞妓さんと一緒に、写真を撮ってみようかな。

女：でも、この間、京都で、外国人観光客やカメラマンが写真を撮ろうと思って、舞妓を取り囲むため、住民らがパトロールする事態になってるんだって。

男：そうですか。

女：舞妓の数がだんだん少なくなってくるので、人は舞妓に対する興味は一層高まりま

すね。

男：そうですね。でも、京都文化の一つのシンボルとして、ずっと続けていってほしいですね。

自律学習　　　　　　　　　　　　　　　　　　　　　　　　🔊 36-3

内閣支持率、80％です。JNNの緊急世論調査で、今月16日に発足した鳩山内閣の支持率は80.1％でした。内閣発足直後の支持率としては、歴代2位の高い数字です。

調査はこの土日に行いました。鳩山内閣を「支持できる」とした人は、先月の麻生内閣から51ポイント余り増えて80.1％、「支持できない」は18.8％でした。

80.1％という支持率は、JNNが電話調査に切り替えた羽田内閣以降、内閣発足直後としては小泉内閣発足時の88％に次ぐ、歴代2位の記録です。

「支持できる」とした人に支持の理由を聞いたところ、「政策に期待できる」「閣僚の顔ぶれがよい」の順でした。鳩山氏にいつまで総理を続けてほしいかという問いには、「4年以上」が44％でトップでした。

37　日本人の「二重人格」

聞いてみましょう　　　　　　　　　　　　　　　　　　　　🔊 37-1

日本人の性格、国民性を説明するのに、本音と建前という対立概念がよく使われます。どこの国にも原則があって、それに対する例外は存在します。日本の場合も、建前は原則です。したがって、本音は原則に従わない例外、ということになりますが、日本では、本音を無理に建前の中に入れてしまおうとします。あるいは、本音は人に分からないように隠してしまって、建前を表看板として押し通してしまいます。

本音とは、本当の音色、もともとはまことの音色という意味で、ここから、本心からいうことばとか本当の気持ち、「マコト心」を指す言葉です。

これに対して、建前とは、本来的なこととして、すでに決まっている方針、「オモテ看板」として人に示す考え方です。

この二つの対立概念が使われるのは、人が表面上述べる理由がその本当の意図、動機

と矛盾する状況です。日本は本来全会一致を旨とし、人間関係では調和、集団の連帯を尊重する社会です。自己の気持ちを言い出すというよりは、相手の一挙手一投足を注意深く観察して、なるべく他者との間であつれきが生じないように、発言をセーブする傾向が強いです。ただ、全会一致という社会の建前に挑戦したりしない限りは、内心で世間の行き方と違う本音の意見や感想を抱くことは一向に構いません。

　本音と建前を指して、日本人には「二重性格」があると西洋でよく非難されます。この非難は必ずしも当たっていません。建前だけの社会は硬直化するし、反対に本音だけの社会はバラバラになってしまいます。社会が正常に機能するには、両者のバランスが必要です。

『異文化コミュニケーションキーワード』より

もう一周　　　　　　　　　　　　　　　　　　　　　　　　　　37-2

　日本人は会議などの話し合いの時に、あまり意見を言わない、本当に考えていることを言わないなどと非難されます。その代わり、お酒を飲むと、普段無口な人でもおしゃべりになるし、思っていることを正直に話すとも言われます。そこで、お金がかかっても、話し合いの場でお酒を出せばよいという意見もありますが、それはうまくいきません。それはお酒の席で、言ったことにはあまり責任を持たなくてもよいといった考え方があるからです。

自律学習　　　　　　　　　　　　　　　　　　　　　　　　　　37-3

　国連総会や金融サミットに出席する鳩山総理を乗せた政府専用機が日本時間の朝7時半過ぎ、ニューヨークに到着しました。

　和やかなムードで始まった会談は、予定の40分をオーバーして1時間に及びました。

　「日本の首相として申し上げるべきこと、短い時間でしたが出来たのではないかと思っております。自分の描いている友愛精神に則った国際関係という話を申し上げ、日本と中国が違いを認めながら乗り越えて信頼関係を構築していくと」鳩山総理はこのように、アジア重視の立場から表明している「東アジア共同体」構想を提案しました。その上で侵略戦争と植民地支配を謝罪した「村山談話」を基本的に踏襲する方針を表明、これに対して、胡錦濤国家主席は「評価したい」と述べました。

　さらに、日中間の懸案となっている東シナ海のガス田開発をめぐっては、鳩山総理が

「いさかいの海ではなく、友愛の海にするべきだ」と強調すると、胡錦濤主席も「平和協力、友好の海にしたい」と応じました。鳩山外交は、「友愛」をキーワードに順調な滑り出しとなりました。

38　細胞と私たち

聞いてみましょう　　　　　　　　　　　　　　　　　　　　　🔘 38-1

　ウイルスを除き、全ての生物が細胞から成り立っています。私たち人間の体は60兆個の細胞が集まって出来た約220種類の細胞組織で構成されています。細胞の一般的な大きさは、1～100マイクロメートル程度です。細胞分裂によって数を増やし、それ以外の方法によって細胞が作られることはありません。

　何種類かの特殊な細胞を例外として、全ての細胞は細胞膜、染色体、リボソーム、細胞質といった共通の構成要素を持っています。外界から内部を隔てる構造が細胞膜です。その内部には生体物質を含む水溶液があり、代謝の場となっています。タンパク質を含み、遺伝情報を担うDNAを持ちます。

　細胞は大きく普通の細胞と幹細胞に分けられます。普通の細胞というのは、例えば皮膚の細胞であったり筋肉の細胞です。皮膚の細胞は皮膚の細胞にしか分化しませんし、筋肉の細胞は筋肉の細胞にしか分化しません。ところが幹細胞は環境さえ整えれば体を組織するあらゆる細胞に分化させることが出来ます。

　ES細胞は従来の幹細胞の一種で、一つの細胞が、体を構成するあらゆる種類の細胞を作り出す能力を持っています。再生医学において、あらゆる臓器を作れる万能細胞となる可能があります。しかし、ES細胞は受精卵から作製されています。というのは、ES細胞を作るには受精卵を犠牲にする必要があります。それが倫理的に問題があります。それに対し、人工多能性幹細胞のiPS細胞は一般的な細胞から作ることが出来ます。iPS細胞の登場により幹細胞の研究が倫理的問題を回避して出来ることが重要なので、今後活発に研究される分野の一つだと思われます。

もう一周   🔊 38-2

　最近は、子供が鼻水が出る、咳が出る、微熱があるなどの風邪の症状があると、すぐ病院に連れて行ったり、安易に薬に頼るという人が多いのではないでしょうか。以前テレビで見ましたが、抗生物質を大量に使うことによって、耐性菌という抗生物質の効かない強力な菌が出現し、更に強力な抗生物質を作る、という悪循環が起きていると聞きました。早く直したいという気持ちは分かりますが、出来る限り自分の力で風邪を治す癖をつけ、抵抗力、免疫力のある大夫な子供を育ててほしいと思います。

自律学習   🔊 38-3

　国際会議のデビューとなった演説で、鳩山総理は、「中期目標としては、日本は温室効果ガスを2020年までに1990年比で25％削減することを目指します」気候変動問題に対する日本の積極的な姿勢をアピールしました。鳩山総理が、目標を表明すると、会場内から大きな拍手が湧き起こりました。さらに、鳩山総理は、途上国の温暖化対策を技術や資金の援助で後押しする「鳩山イニシアチブ」を提唱しました。

　一方、アメリカのオバマ大統領は、全ての国々が早急に取り組むべき課題だと強調したものの、具体的な削減目標には触れませんでした。また、中国の胡錦濤国家主席も、化石燃料以外のエネルギー消費の割合を上げる目標を掲げるにとどまりました。

39　昔の中日文化交流

聞いてみましょう   🔊 39-1

　中日両国は一衣帯水の隣国であり、遥かな昔から密接な文化交流があった。中国の唐の時代、中日文化交流が盛んになり、遣唐使の訪中と鑑真和上の日本への渡航はその時代の代表的な事件である。

　中国の進んだ制度や技術や宗教や文化などを学び、これらを導入するために、日本天皇朝廷では公式の使節として遣唐使を派遣した。西暦630年から894年にかけて、20回も遣唐使を派遣したが、そのうちの8回は渡航が失敗であった。遣唐使として選ばれた人は原則として貴族であり、特に大使や副使にはかなりの高位の貴族しか選ばれなかっ

た。遣唐使の職名は様々で30種類以上あったが、もっとも中国で活躍して、帰国後、日本の発展に大きな貢献した人は留学生と学問僧であった。

　遣唐使節団の団員は、唐朝で僅か一年ぐらいの滞在期間を利用して、積極的に唐の科学、文化などの知識を習ったようだ。しかし、留学生と学問僧の在中期間はそれと限りません。短期の留学生の場合は１年ほどだったが、長期の留学生や学問僧は次の遣唐使船が来るまでは、唐に滞在していろいろなものを学ばなければならなかった。短くて10年、長ければ20年以上であった。そして、再び故国の土を踏んだことがない人もいた。

　日本の遣唐使は中日文化交流の中で重要な役割を果たしていた。日本へ無事帰国を果たした遣唐使が学んだ唐の政治文化、宗教、民俗、音楽などは、後の日本国の発展に少なからず影響を与えたと考えてもよいと思われる。律令に基づく国家の諸制度も唐のものを学びながら完成されたようである。

　ところで、鑑真和上は唐代の高僧であり、56歳の時、聖武天皇の招きで日本へ行って戒律を伝えたいと決意した。そして、鑑真は日本渡航に何度も失敗したが、失明の身となりながら、教典と仏像を携えて成功に日本に上陸したのは、６回目の渡航になり、67歳になりました。日本に来た鑑真和上は奈良の唐招提寺を創建して、東大寺で戒壇を設立して戒を授けた。日本で入寂された鑑真和上は日本の戒律の普及と仏教の発展に大きく貢献したと言われている。

もう一周　　　　　　　　　　　　　　　　　　　🔊 39-2

Ⅰ.

女：大村さん、ちょっと歴史について質問があるのですが、いいですか。

男：はい、どうぞ。

女：遣唐使廃止後、日本は何と呼ばれていたのでしょうか。調べ方が悪いのでしょうが、見つからないんです。

男：その時、日本国内では統一国家という概念がまだないので、「国」といったら各地方のことでした。もともとは国内的には大和が国号で、「やまと」「おおやまと」と言います。

女：そうですか。

男：また、漢代以前の中国では日本のことを「倭（わ）」と呼び、中国と修交した大化

の改新の頃も、東方すなわち日の本の意から「日本」と書いて、「やまと」と日本人は読んでいたようです。それが奈良時代以降、「ニホン・ニッポン」と音読するようになりました。国家の概念は大体中世後期頃成立したと考えるのが一般的です。

女：つまり「わが国」という意識が民衆の間にはなかったわけですね。

男：そうですよ。16世紀にはヨーロッパでは日本はジパング、つまり「Japan」ということになりました。でも、もちろんそれ以前は日本の存在を知らないから名前はないんです。

女：いろいろ勉強になりました。どうもありがとうございます。

男：いいえ。

Ⅱ.

　鑑真和上が中国から日本に渡航したルートをさかのぼる「逆渡航・日中青少年交流計画」が９月９日から19日にかけて行われました。鑑真和上の日本渡航と仏教伝播を記念し、中日両国の学術・文化交流を促進するというのはこの活動の目的だそうです。

　日本人学生25人と中国人留学生６人が大阪から貨客船「新鑑真号」で中国に向けました。上海に上陸してから、杭州、寧波などで鑑真ゆかりの地を訪ねながら中国の若者たちと交流活動が行われました。在中日本人代表も代表団について回りました。

　参加者によると、この活動に参加することを通して、より一般的な民衆の声を聞けたと同時に中日両国の間に存在している千年以上の深いつながりを感じることもでき、両国の青少年たちがこれから長期的に交流しつつあることの重要さも分かるようになったそうです。

自律学習　　　　　　　　　　　　　　　　　　　　　　　　　　39-3

　中国製タイヤの輸入制限をめぐって、米中間で貿易摩擦が起きるちゅう、22日、オバマ大統領と胡錦濤主席の首脳会談が行われました。オバマ大統領が「保護貿易主義に反対する考えに変わりはない」と理解を求めたのに対し、胡主席は「両国関係を正しい方向に保つため、協力する。敏感な問題に適切に対処したい」と応じ、双方は貿易摩擦解消へ向け、緊密に協議していくことが重要との認識で一致しました。

40　チャレンジ 8

基本練習

I. 　　　　　　　　　　　　　　　　　　　　　　　　　　　💿 40-1

女：この洗濯機、届けていただけます？

男：かしこまりました。

女：いつになるかしら。

男：たぶん来週の水曜日の午後になると思いますが。

女：あら、それは困るわ。水曜日は出かけてるから、火曜日にならない？

男：火曜日はちょっと、木曜日か金曜日でしたら。

女：じゃ、早いほうがいいわ。

男：かしこまりました。

II. 　　　　　　　　　　　　　　　　　　　　　　　　　　💿 40-2

女：この大学の学生の満足度が高い理由は何をおいてもその独特の教育方針にあります。また、大学の歴史が長いことを誇りと感じている面もあるでしょうし、施設が整っていることもその理由と考えられております。さらに、周囲の環境がいいという点も、幾分満足度を高める要因となっているでしょう。

III. 　　　　　　　　　　　　　　　　　　　　　　　　　💿 40-3

男：もしもし、岡田商店の田中と申しますが、鈴木課長お願いします。

女：申し訳ありませんが、ただいま鈴木は別の電話に出ております。お待ちいただけますか。それともこちらからお電話させていただきましょうか。

男：あ、そうですか。こちらもちょっと今出先におりますので。

女：何かお伝えいたしましょうか。

男：いや、10分ぐらいしたら、また掛けなおしますから。

女：そうですか。どうも申し訳ございません。

タスク練習

1. 　　　　　　　　　　　　　　　　　　　　　　　　　　💿 40-4

女：じゃあ、次の練習は金曜日だから、遅れないでね。

男：あっ、ごめん。今度の金曜日、ダメなんだ。

女：ええっ、試合は来週の火曜日。1週間しかないのよ。

男：だけど、金曜日は野球の練習に出なくちゃならないんだ。土曜日に試合があるから。

女：じゃ、明日はどう？

男：水曜日は英語なんだ。明後日か、日曜日ならいいんだけど。

女：じゃ、その両方。とにかく頑張らなければならないから。

男：よし、分かった。

2. 🔘 40-5

男：鈴木さんさ、表向きは親の店を継ぐから辞めた、ということになってるけど、実はリストラだって。

女：え、そうなの？おかしいと思っていたのよ。あんな、体力のいる仕事、自分には向いていないって、いつも言っていたから。

3. 🔘 40-6

車内放送：この電車は快速西船橋行きです。次は大手町、大手町です。霞ヶ関、新宿方面はお乗り換えです。

女　　　：あのう、葛西に行きたいんですが…。

男　　　：じゃ、次の大手町か、その次の日本橋で普通電車に乗り換えです。

4. 🔘 40-7

男：それでは明日の天気予報をお知らせします。低気圧が近づいている影響で、今夜遅くからお天気は次第に下り坂に向かい、山沿いの地域では明け方には雨が降るでしょう。この雨は次第に広がり、平野部一帯でも昼前にはぐずついたお天気となるでしょう。また、海沿いの地域では、午後遅くなってから、雨が降り出す見込みです。また特に内陸部では朝夕の冷え込みが厳しくなる恐れがあるので、風邪など引きませんよう十分お気をつけください。

山沿いの地域ではいつ雨が降ると予測していますか。

1. 明け方　　　　2. 昼前　　　　3. 昼過ぎ　　　　4. 午後遅く

5. 🔊 40-8

男：最近、資源の節約のために再生紙を使用する企業が増えましたね。

女：でも、古新聞などの古紙はまだ余っているんですってね。古紙の再生は高くつくのですか。

男：確かに古紙の再生にはかなり手間がかかりますが、新しく作るのに比べたら、燃料の石油が少なくてすむので、経費が安上がりです。

女：じゃあ、やはり需要が少ないからでしょうか。

男：問題は、再生のための設備が必要なことで、設備費がかかることから、再生工場が増えないんです。設備さえ整えばいいんですが…。採算は十分合うはずですからね。

古紙が余っている理由は何だと言っています。

1. 再生に石油がたくさん必要なことです。
2. 再生紙の需要が少ないことです。
3. 再生に手間がかかることです。
4. 再生のための設備費がかかることです。

6. 🔊 40-9

女：先輩は比較社会学の大塚という先生をご存じですか。

男：ああ、大塚先生なら、学部のときに講義を受けたことがあるよ。

女：あの大塚先生に卒論のことで一度話を伺いたいと思ってるんですが、紹介していただけませんでしょうか。

男：んー、僕は先生のクラスには出たけど、特に親しくしていただいたというわけでもないからな。あっ、先生に直接お願いしてみたら、手紙で。

女：失礼じゃないでしょうか。

男：大丈夫じゃないかな。ま、いきなり電話じゃ失礼だけどね。

女：はい。

女の人はこの後どうしますか。

1. 先生に手紙を書きます。　　　　　　　　2. 先生に電話をします。
3. 先輩と一緒に先生に会いに行きます。　4. 先輩に先生への紹介状を書いてもらいます。

新综合日本语
听解日语

（第 4 册）

正 解

21　色のイメージ

聞いてみましょう

Ⅰ. 1. ○　　　　2. ○　　　　3. ×　　　　4. ○　　　　5. ○

Ⅱ. 1.「危険」や「食欲」のイメージをします。

2. 青にしたら、お客さんは食欲がなくなりますから。

3. 赤と青と黄色のジュースを用意して、道を通る人はどんな色のジュースを飲むかとの実験です。結果は青のジュースは一番人気がありますが、赤のジュースは一番人気がありませんでした。理由は青を見ると涼しく感じるからです。

4. 同じ形で同じ大きさの黒と白の箱を二つ持ってもらって、どちらの箱が重いか尋ねた実験です。結果は黒い箱のほうが重いと答えた人がほとんどです。理由は暗い色が重く感じるからです。

言葉の練習

1. 尋ね　　　2. 連想します　　　3. 性格　　　4. カウンター　　　5. 用意

もう一周

　3

22　太陽エネルギーと我々の生活

聞いてみましょう

Ⅰ. 1. ×　　　　2. ○　　　　3. ×　　　　4. ○　　　　5. ×

Ⅱ. 1. 植物は光合成により、有機物を合成して酸素ガスを放出します。この植物は、燃やすことで二酸化炭素と水に戻り、熱エネルギーが発生します。

2. 人間が日々活動するエネルギー源となる食物、例えばお米やパンにも植物が光合成により集めた太陽のエネルギーがたっぷり含まれています。

3. ①環境汚染もなく、一般的には騒音も発生しません。②クリーンで効率的で持続可能な再生可能エネルギーというだけでなく、経済的にも優れた選択になり

ます。③世界の環境保全と子供たちのため、より良い地球のためにも貢献する
ことになります。

4. ①バッテリーのような蓄電装置がなければ夜間に利用することはできません。
②曇りの日は、日中エネルギー量が不安定になることもあります。③太陽エネ
ルギー技術の利用には非常にコストがかかります。④収集するには広大な面積
の陸地も必要となります。

言葉の練習

1. 重宝　　　　2. 無尽蔵　　　　3. 蓄電　　　　4. 有機物　　　　5. 騒音

もう一周

1. 太陽表面に黒い点を散らしたかのように見える部分のことを黒点と呼びます。

2. 太陽の表面の温度は6000度で、黒点の温度は約4000度です。

23　ビジネスマナー……電話応対

聞いてみましょう

Ⅰ. 1. ×　　　　2. ○　　　　3. ×　　　　4. ○　　　　5. ×

Ⅱ. 1. 積極的に電話に出ることで、会社の大切なお客様の情報を誰よりも数多くキャ
ッチできるから、早く業務内容を覚えることができます。また、お客様の印象
を良くする効果もあります。

2. 気持ちのよいに挨拶は相手の気持ちを明るくさせ、リラックスさせる効果があ
ります。

3. 電話の終わりには挨拶で、相手に良い印象を残すことになって、再度電話をす
る時には、良い印象を持たれたまま話ができるので、スムーズに会話が進むこ
とができますから。

4. ① 積極的に電話に出ること

② 最初の名乗りをしっかりとすること

③ 気持ちのよい挨拶を心掛けること

④ 電話でも笑顔で、姿勢よく応対すること

⑤ 終わりの挨拶をしっかりとすること

もう一周

積極的に電話を受けるポイントは、すぐに電話に出ること、3コール以内に電話に出ること、3コール以上で受けた場合は、「お待たせいたしました」の言葉を添えることです。

24　日本旅行

聞いてみましょう

Ⅰ. 1.○　　　　2.×　　　　3.×　　　　4.○　　　　5.○

Ⅱ. 1. 日本は主に四つの島からなっています。北海道、本州、九州、四国で、一番大きな島は本州です。

2. アメリカの農業の影響を受けました。その代表的なものはサイロやアメリカでBarnと呼ぶ建物です。

3. 良くない点：物価が高いこと、交通が混雑していること。
良い点：みんな秩序を守ること、安全であること、活気のあること。

4. 京都に行ったほうがいいです。京都は戦争の被害が少なく、お寺や神社がたくさん残っている歴史のある町ですから。

5. お寺、神社、お城、火山など見るべき所がたくさんあるほか、温泉や現地の料理も体験できます。

もう一周

1. どこへ行くか分からない旅行のことです。

2. お弁当がついて2980円だけで、安いですから。

3. 温泉をはじめ、お寺やラベンダー畑などに行きました。

25　チャレンジ5

基本練習

Ⅰ.

1.

解答のポイント	本	鉛筆	消しゴム	学生証	かばん
図1	×	○	○	○	○
図2	○	○	○	○	○
図3	○	○	○	○	×
図4	○	○	○	×	○

2. 2

Ⅱ.

1.

解答のポイント	まっすぐ	曲がる
駅前の道	○	×

解答のポイント	左	右
突き当り	×	○
二つ目の信号の少し手前にある道	○	×
コンビニ	○	×

解答のポイント	向い	隣
家はコンビニのどこ？	○	×

2. 4

Ⅲ.

1. ①持ち上げる　C　　　②前にかける　A
　　③引き寄せる　D　　　④伸ばす　B

2. 2

タスク練習

1. 1　　　　2. 1　　　　3. 3

4. 2　　　　5. 3　　　　6. 3

26　世界のじゃんけん

聞いてみましょう

I. 1.○　　　　2.×　　　　3.○　　　　4.×

II. 1.「グー」が手を握り、石を、「チョキ」が指を二本出し、はさみを、「パー」が手を開き、紙を表します。

2.石とはさみと紙の勝負で、グーはチョキに勝って、チョキはパーに勝ち、「パー」は「グー」に勝ちます。

3.手を握る「グー」が石を、手を開く「パー」が水を、指先を全部合わせて前に出す「チョキ」が鳥を表します。つまり、石と鳥と水の勝負です。

4.握りこぶしから親指だけ出すのが「象」で、人指差しだけ出すのが「人」、小指だけ出すのが「アリ」です。象が人に勝ち、人がアリに勝ち、「アリ」は「象」に勝ちます。つまり、象と人とアリの勝負です。

言葉の練習

1.布　　　　2.包ん　　　　3.倒　　　　4.握っ　　　　5.勝負

もう一周

4

27　敬語は必要か

ウォーミングアップ

3. ① どうぞ、熱いうちに召し上がってくださいね。

② 順番にお降りください。

聞いてみましょう

I. 1.○　　　　2.×　　　　3.○　　　　4.×　　　　5.○

II. 1.人間は平等なのに敬語を使うのは変だと、敬語がないほうが楽だと考えていますから。

2. 人間関係をうまく調整するもの、また相手を思いやる心から生まれるものだと
　思っています。

3. 大学で言葉遣いのトレーニングをすることもありますし、また、会社などでは
　新入社員の研修の時に厳しく敬語を練習させられることもあります。

4. いいえ、できません。基本だけを覚えたら、実際にどんどん使ってみることが
　大切です。上下関係、親疎関係のある場に積極的に出たほうがいいです。

5. 態度や行動なども大切です。例えば、部屋を出る時「失礼いたします」と言っ
　て、ドアを静かに閉めることや、顔を見たら挨拶をしたり、相手の名前を覚え
　たりすることです。

ことばの練習
1. 配慮　　　　2. 上下　　　　3. 思いやる　　　　4. 思案　　　　5. 気を配る

もう一周
1. 友達には丁寧に話しすぎるとかえって他人行儀ですから。

2. c

3. これからお互いに、あまり丁寧な言葉は使わないようにと約束しました。

28　日本発モノガタリ

聞いてみましょう
Ⅰ. 1. ×　　　　2. ○　　　　3. ×　　　　4. ○

Ⅱ. 1. インスタントラーメンは、世界で年間437億食以上が消費され、国際食という呼
　び名がふさわしいですから。

2. チキンラーメンは、お湯をかけるとわずか2〜3分で乾燥した麺がラーメンに
　変身することができますから。

3. 中曽根元首相は「故人は食品文化を開拓し、戦後日本の復興を主導した創意的
　な企業人だった」と安藤百福を評価しました。

もう一周

1．「からくり人形」です。

2．昔のロボットは、人間にそっくりな形で機械らしくないし、とても親しみやすいからです。

29　ハイブリッドカー

聞いてみましょう

Ⅰ　1．×　　　　2．○　　　　3．○　　　　4．×　　　　5．○

Ⅱ　1．ハイブリッドカーというのは、異なる二つ以上の動力源を持ち、状況に応じて単独、あるいは複数と動力源を変えて走行する自動車のことです。

2．ハイブリッドカーは総合効率が電気自動車や燃料電池自動車と同程度であるので、環境負荷の低い実用車として注目されています。

3．ハイブリッドカーでは、10万キロのライフサイクル評価で同クラスガソリン車よりも２割～３割の二酸化炭素排出量が削減できます。その削減量は従来のガソリン車では到底実現できないもので、日本ではハイブリッドカーが環境にやさしい車として評判が高いです。

4．ハイブリッドカーは走行中の音が静かすぎて、歩行者が車の接近に気づかず危険だという指摘がありました。それに対して、国土交通省は音を発する装置の取り付けを義務づける方針を決めました。

もう一周

　　3

30　チャレンジ6

基本練習

Ⅰ．1．① 樹医　　　② 猫や犬　　　③ 獣医　　　④ 緑でいっぱい

　　　⑤ 木　　　　⑥ 診察　　　　⑦ 薬

　　2．4

3. ① 私ね、木や花などの植物が大好きでね。

② 木が元気かどうか診察をして、必要なら薬もあげて。

Ⅱ. 1. ① まじめで仕事が確実　　② 独創的　　③ 技術力　　④ 態度

⑤ 吉田君タイプ　　⑥ ミス　　⑦ 正確なほう

2. 1

3. ① 阿部君がまじめで仕事が確実だ。

② やっぱり今回は正確なほうをとるか。

Ⅲ. 1. ① 体が不自由な　　② 付添の同伴　③ 折り畳み式

④ お世話をする　　⑤ 3、4割増し　⑥ 介護人

2. 3

3. ① 旅行会社からもお世話をする添乗員が特別に同行するだって…

② 介護人が付くことや、ホテルや車のことなんか考えたら…

タスク練習

1. 2　　　　2. 1　　　　3. 3

4. 4　　　　5. 4　　　　6. 1

31　日本人と魚

聞いてみましょう

Ⅰ. 1. ×　　　2. ○　　　3. ×　　　4. ×　　　5. ○

Ⅱ. 1. 昔は1日3食、野菜や魚をバランスよく食べていましたが、現代人はそれらを食べる回数が減ってきています。魚の消費量が低下してきており、つまり「魚離れ」現象が進んでいます。

2. 海が汚染されて、魚がとれなくなったり、主婦たちが「調理のしやすさ」とか「食べやすさ」を求めたりすることです。

3. 魚に含まれる栄養素は心筋梗塞や肥満やうつ病などの予防に役立つといった研究結果も報告されているからです。

4. 魚食の普及という目的です。

ことばの練習

1. 誇　　　　2. 応じて　　　　3. 多種多様

4. 摂取量　　5. 味わい　　　　6. 恵ま

もう一周

1. 成長段階に応じて異なった名前で呼ばれることです。

2. 江戸時代前までは、男子は成人儀式や出世に伴って名前を変える習慣がありました。

3. 「出世魚」と名づけられました。成長に伴って出世するように名前が変わる魚ですから、縁起のいい魚として扱われています。

32 ぼかし表現

聞いてみましょう

Ⅰ. 1. ×　　　2. ○　　　3. ○　　　4. ×　　　5. ○

Ⅱ. 1. 物事をはっきりと断定しない、または婉曲な表現を使うことで、自分の意見を「ぼかす」ことです。

2. 「上着のほう、お預かりします。」「1万円から、お預かりします。」

3. 断定を避けて、表現を和らげようとする心理の表れです。

4. 「お会計のほう」を「気になる」と答えた人は32%で、「気にならない」は64%です。「1万円から」は、「気になる」が38%で、「気にならない」は58%です。どちらも「気になる」は少数派です。

ことばの練習

1. 謙遜　　2. 断り書き　　3. 自分の意志のぼかし　　4. 遠回し

もう一周

Ⅰ. ① ジベタリアン　　② イタメシ屋　　③ マクる　　④ 日本ソバ

Ⅱ. ① 地べた（地面）に座り込む人　　② イタリア料理の店

③ マクドナルドで食事する　　④ 普通のそば

33　人間としての成功

聞いてみましょう

Ⅰ. 1. ○　　2. ×　　3. ○

Ⅱ. 1. 物事を目的どおりに成し遂げるという意味です。

2. 成功というものを生涯をかけて、自分の価値ある目的や目標、使命や志など自分にとって最も重要な事を知り、それに向かって行動し続けるプロセスです。

3. 自分が目指すべき場所、それを心に決めること、それは日々の生活や努力の中から生まれると信じることです。

もう一周

Ⅰ. 1. ① 自分ながら今日一日よく働いたな

② 自分をいたわる

③ 自分で自分をほめてあげたい

2. ① 生き甲斐を見失っている

② 使命観を与えていない

③ 今日の日本の根本の問題

Ⅱ. 1. 今日一日よく働いた満足感とそこから感じさせられた人生の生き甲斐のこと。

2. 青年たちに生き甲斐、夢および使命感を持たすようにすること。

34　バイオエタノール

基本練習

Ⅰ. 1. ○　　2. ○　　3. ×　　4. ○　　5. ×

Ⅱ. 1. バイオエタノールは、サトウキビやトウモロコシなどのバイオマスを発酵させ、蒸留して生産されるアルコールの一つのエタノールのことです。

2. バイオエタノールは再生可能な自然エネルギーであること、および、その燃焼によって大気中の二酸化炭素を増やさない点から、エネルギー源としての将来性が期待されています。

3. いいえ、土地によって違います。ブラジルではサトウキビ、アメリカではトウモロコシ、ヨーロッパでは甜菜が主な原料となっています。

4. 生産過程全体を通してみた場合の二酸化炭素削減効果、エネルギー生産手段としての効率性、食料との競合、といった問題点があります。

5. 研究者たちが残飯やクズ属植物などから、バイオエタノールを抽出したり、パルプ液とか、廃棄木材、稲の葉っぱなど、さまざまなものを分解して原料とする研究を進めています。

もう一周

コンビニはこれから電気の使用量を減らすために、努力をすべきです。

35　チャレンジ7

基本練習

Ⅰ.

1.

解答のポイント	十字全体に円が重なっている	円が十字の上の部分にある	横に3本が平行になっている	3本の一番下が斜め
図1	×	×	×	×
図2	×	○	×	×
図3	×	×	○	×
図4	○	×	×	×

2. 1

Ⅱ.

1.

解答のポイント	悩みを持つ日本人男性は30代が多い	40代でガタンと落ちる
図1	×	×
図2	○	○
図3	×	○
図4	○	×

2. 2

Ⅲ.

1.

解答のポイント	半円が上にある	円と半円が重なっている	絵は円の中に入れる	タイトルは重なっている部分に入る
図1	○	×	○	×
図2	×	×	×	×
図3	○	○	○	○
図4	×	○	○	○

2.3

タスク練習

1.1	2.2	3.3
4.3	5.1	6.3

36　芸者と舞妓

聞いてみましょう

Ⅰ　1.① 300年前で　　② 京都の祇園

　　2.① 700軒　　② 3000名　　③ 1920年

　　3.20歳くらい

　　4.15歳以上

Ⅱ　1.最近は京都ブームや、各メディアで取り上げられたことから、舞妓志望者も増えてきました。

　　2.「おおきに」：「ありがとう」

　　　「すんまへん」：「すみません」

　　　「おたのもうします」：「どうぞお願いします」

言葉の練習

1.てはいかがでしょうか	2.にのぼる	3.にあたる
4.のかわりに	5.により	6.とされています

もう一周

1．京都で舞妓体験をしました。

2．京都文化のシンボルとして、ずっと続けていってほしいです。

37　日本人の「二重人格」

聞いてみましょう

Ⅰ．① 性格、国民性　　② 本音と建前という対立概念　　③ 建前

④ 原則に従わない例外　　⑤ 無理に建前の中に入れてしまおう

⑥ 人に分からないように隠してしまって

Ⅱ．1．本音とは、本当の音色、もともとはまことの音色という意味で、ここから、本心からいうことばとか本当の気持ち、「マコト心」を指す言葉です。

2．建前とは、本来的なこととして、すでに決まっている方針、「オモテ看板」として人に示す考え方です。

3．日本の会社では自己の気持ちを言い出すというよりは、相手の一挙手一投足を注意深く観察して、なるべく他者との間であつれきが生じないように、発言をセーブする傾向が強いです。

4．建前だけの社会は硬直化するし、反対に本音だけの社会はバラバラになってしまいます。社会が正常に機能するには、両者のバランスが必要です。

もう一周

1．話し合いの場でお金がかかっても、お酒を出せばよいという意見です。お酒を飲むと、普段無口な人でもおしゃべりになるし、思っていることを正直に話すからです。

2．お酒の席で、言ったことにはあまり責任を持たなくてもよいといった考え方があるからです。

38　細胞と私たち

基本練習

Ⅰ. 1. ×　　2. ○　　3. ○　　4. ○　　5. ×　　6. ○

Ⅱ. 1. を除き　　2. それ以外の方法によって　　3. 共通の構成要素

4. 普通の細胞と幹細胞　　5. 環境さえ整えれば　　6. 活発に研究される分野

Ⅲ. 1. 人間の体は60兆個の細胞が集まって出来た約220種類の細胞組織で構成されています。

2. タンパク質を含み、遺伝情報を担うものです。

3. 普通の細胞、例えば筋肉の細胞は筋肉の細胞にしか分化しません。幹細胞は環境さえ整えれば体を組織するあらゆる細胞に分化させることが出来ます。

4. ES細胞は従来の幹細胞の一種で、受精卵から作製されています。それに対し、人工多能性幹細胞のiPS細胞は一般的な細胞から作ることが出来ます。

もう一周

1. 抗生物質を大量に使うことによって、耐性菌という抗生物質の効かない強力な菌が出現し、更に強力な抗生物質を作る、という悪循環が起きるからです。

2. 出来る限り自分の力で風邪を治す癖を付け、抵抗力、免疫力のある大夫な子供を育ててほしいという考え方です。

39　昔の中日交流

聞いてみましょう

Ⅰ. 1. ○　　2. ○　　3. ×　　4. ○　　5. ×

Ⅱ. 1. 中国の進んだ制度や技術や宗教や文化などを学び、そして、導入するためです。

2. 積極的に唐朝の科学、文化などの知識を習いました。

3. 日本へ無事帰国を果たした遣唐使が学んだ唐の政治文化、宗教、民俗、音楽などは、後の日本国の発展に少なからず影響を与えたと考えてもよいと思われます。律令に基づく国家の諸制度も唐代を学びながら完成されました。

4．決心してから11年目に成功して、6回も試みたそうです。

5．日本の戒律の普及と仏教の発展に大きく貢献しました。

ことばの練習

1．倣っ　　　2．役割　　　3．貢献　　　4．廃止　　　5．メンバー　　　6．上陸

もう一周

Ⅰ．1．以前は日本国内では統一国家という概念がまだなかったからです。

2．① 漢代以前　　② 大化の改新の頃　　③ 奈良時代以降　　④ 16世紀

Ⅱ．1．鑑真和上の日本渡航と仏教伝播を記念し、中日両国の学術・文化交流を促進する目的です。

2．日本人学生25人と中国人留学生6人です。

3．参加者によると、この活動に参加することを通して、より一般的な民衆の声を聞けたと同時に、中日両国の間に存在している千年以上の深いつながりを感じることもでき、両国の青少年たちがこれから長期的に交流しつつあることの重要さも分かるようになったそうです。

40　チャレンジ7

基本練習

Ⅰ．1．① 来週の水曜日の午後　　② 水曜日　　　③ 火曜日

④ 火曜日　　　⑤ 木曜日か金曜日　　⑥ 早い

2．3

3．① 水曜日は出かけてるから。

② 木曜日と金曜日の早いほうがいいわ。

Ⅱ．1．① 満足度　　　② 何をおいても　　　③ 独特の教育方針

④ 大学の歴史が長い　⑤ 施設が整っている　　⑥ 周囲の環境がいい

2．4

3．この大学の学生の満足度が高い理由は、何をおいてもその独特の教育方針にあります。

Ⅲ．1．① 別の電話に出て　　　　　　② お待ちいただけますか

　　　③ こちらからお電話させていただきましょうか　　　　④ 出先

　　　⑤ 何かお伝えいたしましょうか　　⑥ またかけなおします

　2．3

　3．10分ぐらいしたら、またかけなおしますから。

タスク練習

1．4　　　　　2．4　　　　3．3

4．1　　　　　5．4　　　　6．1